Easy 시리즈 10

쉽게 배워 폼나게 활용하는

파워포인트 2010

PowerPoint 2010 **2010**

IT연구회

해당 분야의 IT 전문 컴퓨터학원과 전문가 선생님들이 최선의 책을 출간하고자 만든 집필/감수 전문연구회로서, 수년간의 강의 경험과 노하우를 수험생 여러분에게 전달하고자 최선을 다하고 있습니다.

IT연구회에 참여를 원하시는 선생님이나 교육기관은 ccd770@hanmail.net으로 언제든지 연락주십시오. 좋은 교재를 만들기 위해 많은 선생님들의 참여를 부탁드립니다.

구경화_IT 전문강사   김경화_IT 전문강사   김선숙_IT 전문강사
김수현_IT 전문강사   김 숙_IT 전문강사   김시령_IT 전문강사
김현숙_IT 전문강사   남궁명주_IT 전문강사   노란주_IT 전문강사
류은순_IT 전문강사   민지희_IT 전문강사   문경순_IT 전문강사
박봉기_IT 전문강사   박상휘_IT 전문강사   박성화_IT 전문강사
박은주_IT 전문강사   변진숙_IT 전문강사   송기웅_IT 및 SW전문강사
송희원_IT 전문강사   신영진_신영진컴퓨터학원장   윤정아_IT 전문강사
이미연_IT 전문강사   이은미_IT 및 SW전문강사   이천직_IT 전문강사
이해인_IT 전문강사   임선자_IT 전문강사   장명희_IT 전문강사
장은경_ITQ 전문강사   조영식_IT 전문강사   조완희_IT 전문강사
조정례_IT 전문강사   최갑인_IT 전문강사   최은실_IT 전문강사
최은영_IT 전문강사   한윤희_IT 전문강사   김건석_교육공학박사
남승진_충주열린학교 IT 전문강사   양은숙_경남도립남해대학 IT 전문강사   엄영숙_권선구청 IT 전문강사
옥향미_인천여성의광장 IT 전문강사   이은직_인천대학교 IT 전문강사   조은숙_동안여성회관 IT 전문강사

 **성안당**
www.cyber.co.kr

Easy 시리즈 ⑩ 쉽게 배워 돋보이게 활용하는

파워포인트 2010
PowerPoint 2010

2014. 5. 8. 초 판 1쇄 발행
2015. 1. 27. 초 판 2쇄 발행
2016. 3. 24. 개정증보 1판 1쇄 발행
2017. 9. 8. 개정증보 2판 1쇄 발행
2018. 7. 5. 개정증보 2판 2쇄 발행
2019. 9. 10. 개정증보 3판 1쇄 발행

지은이 │ Vision IT
펴낸이 │ 이종춘
펴낸곳 │ BM (주)도서출판 성안당
주소 │ 04032 서울시 마포구 양화로 127 첨단빌딩 3층(출판기획 R&D 센터)
│ 10881 경기도 파주시 문발로 112 출판문화정보산업단지(제작 및 물류)
전화 │ 02) 3142-0036
│ 031) 950-6300
팩스 │ 031) 955-0510
등록 │ 1973. 2. 1. 제406-2005-000046호
출판사 홈페이지 │ www.cyber.co.kr
내용 문의 │ leo45@hanmail.net
ISBN │ 978-89-315-5626-1 (13000)
정가 │ **14,000원**

이 책을 만든 사람들
책임 │ 최옥현
진행 │ 최창동
본문 디자인 │ 인투
표지 디자인 │ 박원석
홍보 │ 김계향
국제부 │ 이선민, 조혜란, 김혜숙
마케팅 │ 구본철, 차정욱, 나진호, 이동후, 강호묵
제작 │ 김유석

■ 도서 A/S 안내

성안당에서 발행하는 모든 도서는 저자와 출판사, 그리고 독자가 함께 만들어 나갑니다.
좋은 책을 펴내기 위해 많은 노력을 기울이고 있습니다. 혹시라도 내용상의 오류나 오탈자 등이 발견되면 **"좋은 책은 나라의 보배"**로서 우리 모두가 함께 만들어 간다는 마음으로 연락주시기 바랍니다. 수정 보완하여 더 나은 책이 되도록 최선을 다하겠습니다.
성안당은 늘 독자 여러분들의 소중한 의견을 기다리고 있습니다. 좋은 의견을 보내주시는 분께는 성안당 쇼핑몰의 포인트(3,000포인트)를 적립해 드립니다.
잘못 만들어진 책이나 부록 등이 파손된 경우에는 교환해 드립니다.

CONTENTS

머리말

쉽게 배워 폼나게 활용하는(Easy) 시리즈는 컴퓨터 초보자를 위한 도서로서, 일선에서 활동하고 계시는 여러 선생님들이 집필에 직접 참여하시거나 제작 과정에 참여하시어 보다 좋은 내용의 교재로 출간되었습니다. 가장 쉽게 효율적으로 학습할 수 있도록 내용을 충실히 수록하였으며, 큰 글씨와 큰 그림으로 학습하시는데 전혀 불편함이 없도록 구성하였습니다.

쉽게 배워 폼나게 활용하는 시리즈는 다음과 같은 특징을 가지고 있습니다.

첫째, 전국컴퓨터교육협의회 공식 추천도서

컴퓨터학원을 운영하시는 원장님들의 모임인 전국컴퓨터교육협의회에서 본 시리즈의 내용과 구성 등에 대해 처음부터 끝까지 함께 진행하였고, 본 시리즈를 교재로 채택하여 강의하고 있습니다.

둘째, 실용적인 예제

실생활에서 활용할 수 있는 기능들을 따라하기 해설로 자세하게 설명하였습니다. 또한, 가독성을 높이기 위해 최대한 큰 글씨와 큰 그림으로 편집되었기에 학습에 전혀 불편함이 없습니다.

셋째, 혼자 풀어보기

본문에서 설명한 기능들을 유사한 연습문제를 통해 반복학습 할 수 있게 하여 기능을 쉽게 배울 수 있도록 하였습니다.

넷째, 기능정리

핵심기능만을 별도로 정리하여 제공합니다(성안당 홈페이지의 [자료실]-[자료실 바로가기]

다섯째, 실력점검 테스트

본문 내용과 혼자 풀어보는 문제를 통해 익힌 기능들을 하나로 연결하여 종합적인 기능을 테스트할 수 있는 문제를 제공합니다(성안당 홈페이지의 [자료실]-[자료실 바로가기]).

여섯째, 무료 동영상강의 및 정답 파일

본문의 전체적인 내용을 저자가 직접 동영상으로 강의하여 책 속의 내용을 쉽게 배울 수 있도록 하였습니다. 또한 정답 파일을 제공하여 책 속의 내용을 함께 따라하면서 배울 수 있도록 하였습니다. 무료 동영상강의와 정답 파일은 성안당 홈페이지(www.cyber.co.kr)의 [자료실]-[자료실 바로가기]에서 다운로드 받아 학습할 수 있습니다.

- 저자 올림-

DOWNLOAD
자료
다운로드

Easy 시리즈의 소스/정답 파일과 무료동영상 강의 파일은 성안당 사이트(www.cyber.co.kr)에서 다운로드 받을 수 있습니다.

① 'www.cyber.co.kr'에 접속하여 로그인(아이디/비밀번호 입력) 한 후 [자료실]을 클릭합니다.

② [자료실]에서 시리즈명(easy)을 입력하고 검색한 후 도서 제목을 클릭하여 파일을 다운로드합니다.

12장. 슬라이드 마스터와 인쇄하기

[자료 다운로드]

성안당 홈페이지(www.cyber.co.kr)–[자료실]–[자료실 바로가기]
- 무료 동영상 강의
- 정답 파일
- 기능정리(PDF 파일)
- 실력점검 테스트(PDF 파일)

01장

파워포인트 2010 살펴보기

파워포인트는 상대방이나 대중들에게 내용과 의미 전달을 시각화할 수 있는 프로그램으로 프레젠테이션 제작에 필수적이라 할 수 있습니다.
파워포인트 2010의 기본적인 화면 구성을 바탕으로 간단한 슬라이드를 작성하고, 저장하는 방법에 대하여 살펴보도록 하겠습니다.

완성파일 미·리·보·기

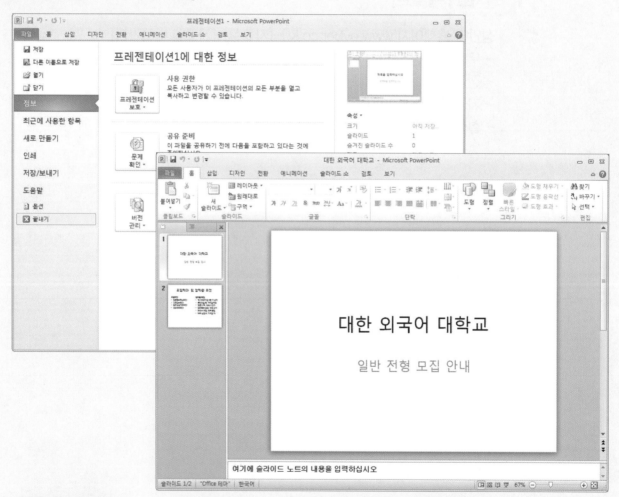

체·크·포·인·트

실습1 파워포인트 2010을 시작하고, 종료하는 방법에 대하여 알아봅니다.

실습2 파워포인트 2010의 화면 구성을 바탕으로 전체 화면의 세부 사항에 대하여 알아봅니다.

실습3 슬라이드 레이아웃에 간단한 내용을 작성하고, 프레젠테이션을 저장하는 방법에 대하여 알아봅니다.

파워포인트 2010 시작과 종료하기

파워포인트 2010을 시작하는 방법에는 여러 가지가 있지만 작업 표시줄의 [시작] 단추를 이용하여 것이 가장 일반적이며, 종료를 할 경우에는 [파일] 탭이나 [닫기] 단추를 이용합니다.

파워포인트 2010 시작하기

1 [시작]-[모든 프로그램]-[Microsoft Office]-[Microsoft PowerPoint 2010]을 선택하거나 바탕 화면에 있는 파워포인트 2010 [바로 가기 아이콘]을 더블 클릭합니다.

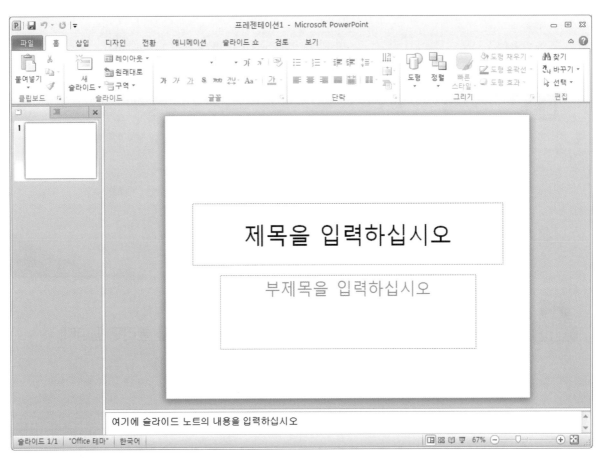

TIP 바로 가기 아이콘

[시작]-[모든 프로그램]-[Microsoft Office]-[Microsoft PowerPoint 2010] 에서 마우스 오른쪽 단추를 클릭한 후 [보내기]-[바탕 화면에 바로 가기 만들기]를 선택하면 바탕 화면에 파워포인트 2010의 [바로 가기 아이콘]을 만들 수 있습니다.

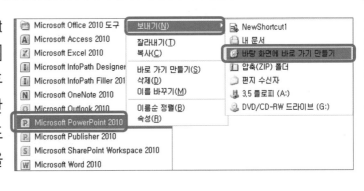

파워포인트 2010 종료하기

2 파워포인트를 종료하려면 화면 왼쪽 상단에서 [파일]–[끝내기]를 선택하거나 제목 표시줄에 있는 [닫기 ☒] 단추를 클릭합니다.

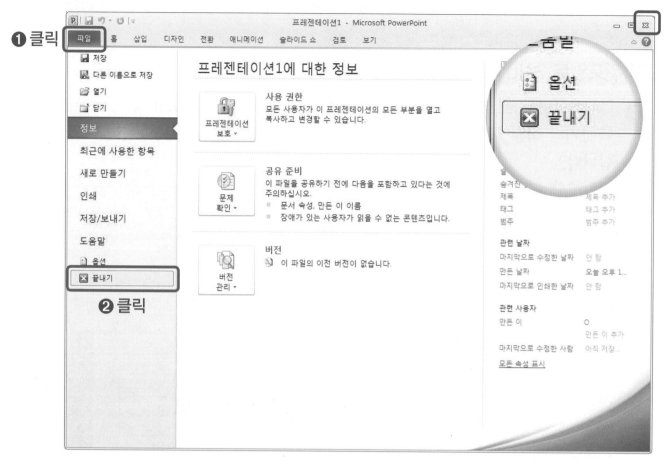

 파워포인트 2010을 종료할 경우 바로 가기 키 **Alt** + **F4** 키를 눌러도 됩니다.

 실습 2 파워포인트 2010 화면 구성 알아보기

파워포인트 2010의 기본적인 화면 구성 요소를 바탕으로 새롭게 변경된 화면의 세부 사항을 정확히 이해해야 합니다. 또한, 확대/축소 배율을 이용하여 슬라이드의 화면 크기를 조절하는 방법에 대하여 살펴보도록 하겠습니다.

파워포인트 화면 구성 요소

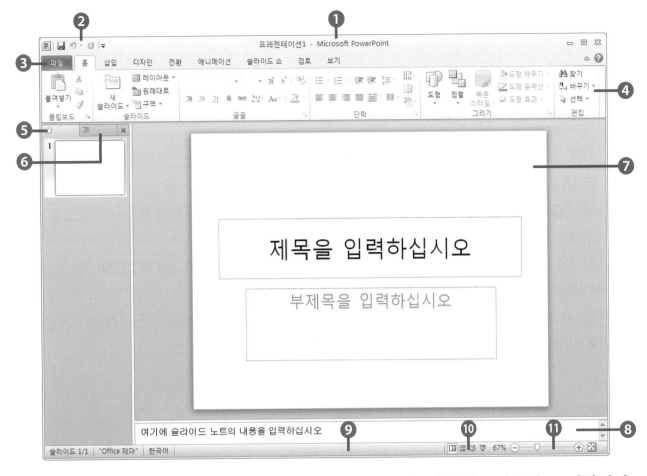

❶ **제목 표시줄** : 현재 작업 중인 프레젠테이션 문서의 제목이나 파일명 등을 표시합니다.

❷ **빠른 실행 도구 모음** : 프로그램 창 좌측 상단에 위치하여 자주 사용하는 명령을 빠르게 실행할 수 있습니다.

❸ **[파일] 탭** : Microsoft Office Backstage 보기로 숨겨진 메타 데이터 또는 개인 정보 만들기, 저장, 검사, 옵션 설정 등을 수행하거나 파일에 대한 데이터를 관리합니다.

❹ **리본 메뉴** : 예전 버전(엑셀 2003)에서 프로그램 메뉴와 도구 모음의 기능을 제공합니다.

❺ **슬라이드 탭** : 슬라이드를 축소판 형식으로 볼 수 있으며, 여러 슬라이드를 탐색하거나 디자인 변경 결과를 확인할 수 있습니다.

❻ **개요 탭** : 슬라이드의 내용을 작성하기 위한 곳으로 아이디어 구상, 발표 방법을 계획하고 슬라이드와 텍스트를 이동할 수 있습니다.

❼ **슬라이드 창** : 현재 슬라이드 작업이 표시되는 곳으로 텍스트, 워드 아트, 클립 아트, 그림, 표, SmartArt 그래픽, 차트, 동영상, 소리, 하이퍼링크, 애니메이션 등을 삽입할 수 있습니다.

❽ **슬라이드 노트 창** : 작업중인 슬라이드와 관련된 노트를 입력하는 곳으로 이를 인쇄하여 발표 시 참고할 수 있습니다.

❾ 상태 표시줄 : 현재 진행 중인 작업과 관련된 다양한 내용을 표시합니다.

❿ 보기 단추 : 슬라이드의 화면을 기본, 여러 슬라이드, 읽기용 보기, 슬라이드 쇼 형태로 보여줍니다.

⓫ 확대/축소 : 슬라이드의 화면 크기를 원하는 크기로 조절할 수 있습니다.

실력 쑥쑥 TIP 보기 단추

- [기본 ▦] : 프레젠테이션의 기본 화면으로 모든 슬라이드 구성과 한 슬라이드에 대한 작업을 수행하는 보기로 전환합니다.
- [여러 슬라이드 ▤] : 한 화면에 프레젠테이션의 모든 슬라이드를 동시에 표시하는 것으로 프레젠테이션 구성을 쉽게 확인할 수 있습니다.
- [읽기용 보기 ▥] : 프레젠테이션을 대형 화면으로 표시하는 것이 아니라 특정인이 자신의 컴퓨터에서 프레젠테이션을 보도록 할 때 사용합니다.
- [슬라이드 쇼 ▤] : 현재 슬라이드부터 슬라이드 쇼를 실행하는 것으로 모든 작업을 마친 후에 실제로 프레젠테이션을 할 수 있습니다.

슬라이드 화면 확대/축소하기

❶ [보기] 탭의 [확대/축소] 그룹에서 [확대/축소 🔍] 단추를 클릭합니다.

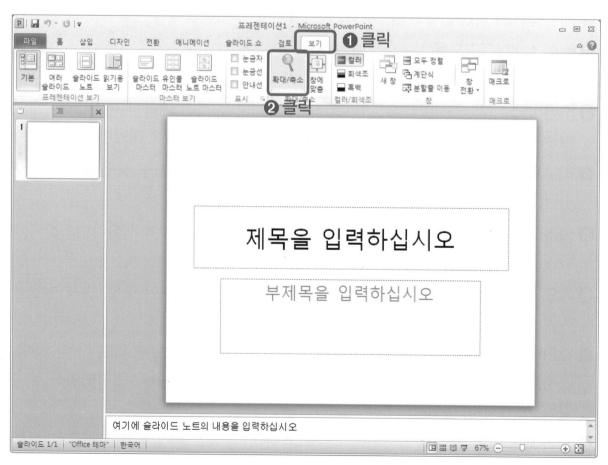

② [확대/축소] 대화상자에서 '100%'를 선택하고, [확인] 단추를 클릭합니다.

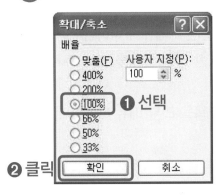

③ 슬라이드 화면이 확대되면 다시 [보기] 탭의 [확대/축소] 그룹에서 [창에 맞춤圖] 단추를 클릭합니다.

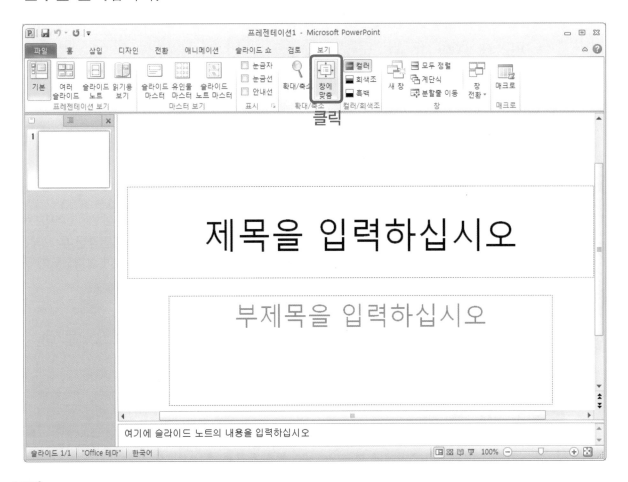

TIP 　슬라이드 화면의 확대/축소는 상태 표시줄에 있는 확대/축소 슬라이드를 이용하여 크기를 쉽게 조절할 수 있으며, [크기에 맞게圖] 단추를 클릭하면 슬라이드 화면을 원래의 창 크기에 맞게 조절할 수 있습니다.

각 탭의 임의의 위치에서 마우스 오른쪽 단추를 클릭하면 다음과 같은 부메뉴가 나타납니다.

• 빠른 실행 도구 모음 사용자 지정 : 빠른 실행 도구 모음에 필요한 명령 단추를 찾아 추가할 수 있습니다.

• 리본 메뉴 아래에 빠른 실행 도구 모음 표시 : 빠른 실행 도구 모음을 리본 메뉴 아래쪽에 위치시킬 수 있습니다.

• 리본 메뉴 사용자 지정 : 기본 탭과 도구 탭에 있는 다양한 리본 메뉴를 사용자가 임의대로 표시하거나 숨길 수 있습니다.

• 리본 메뉴 최소화 : 리본 메뉴를 최소화하여 작업 영역을 넓힐 수 있습니다.

> 빠른 실행 도구 모음 사용자 지정(C)...
> 리본 메뉴 아래에 빠른 실행 도구 모음 표시(S)
>
> 리본 메뉴 사용자 지정(R)
> 리본 메뉴 최소화(N)

실습3 기본 슬라이드 작성과 저장하기

슬라이드는 프레젠테이션을 구성하는 하나의 화면으로 파워포인트 2010에서는 11가지의 레이아웃을 제공합니다. 여기에서는 기본 슬라이드에서 간단한 내용을 작성하고, 레이아웃을 변경한 후 프레젠테이션을 저장하는 방법에 대하여 살펴보도록 하겠습니다.

기본 슬라이드 작성하기

1 파워포인트 2010의 제목 슬라이드 화면에서 제목 텍스트 상자와 부제목 텍스트 상자에 다음과 같은 내용을 입력합니다.

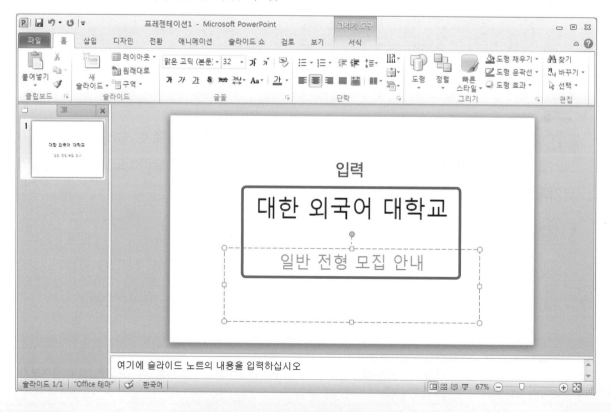

② 새로운 슬라이드를 추가하기 위하여 [홈] 탭의 [슬라이드] 그룹에서 [새 슬라이드] 단추를 클릭하고, '비교'를 선택합니다.

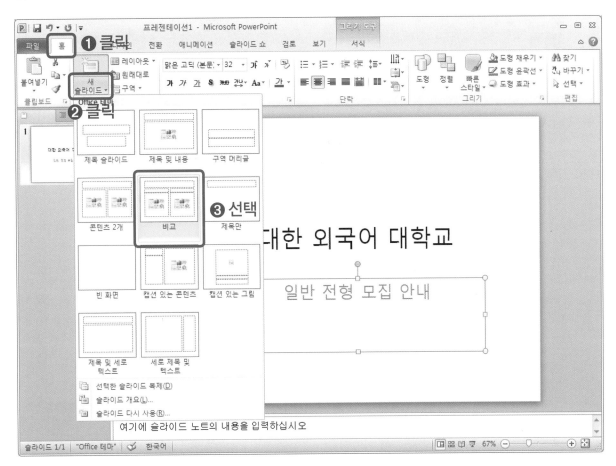

실력 쑥쑥 🌱 TIP **[슬라이드] 그룹**

- 새 슬라이드 : 프레젠테이션에 새로운 슬라이드를 추가합니다.
- 레이아웃 : 현재 선택한 슬라이드의 레이아웃을 변경합니다.
- 원래대로 : 슬라이드 개체 틀의 위치, 크기, 서식을 기본 설정으로 원위치합니다.
- 구역 : 슬라이드를 구역으로 구성합니다.

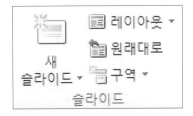

3 '제목을 입력하십시오' 부분을 마우스로 클릭한 후 슬라이드 제목을 다음과 같이 입력합니다.

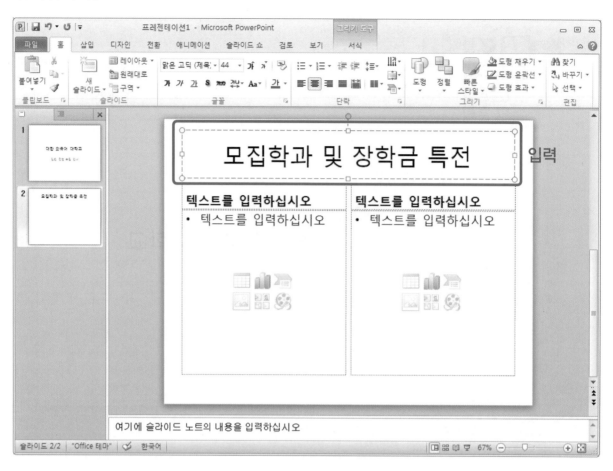

4 '텍스트를 입력하십시오' 부분을 마우스로 클릭한 후 나머지 내용을 다음과 같이 각각 입력합니다.

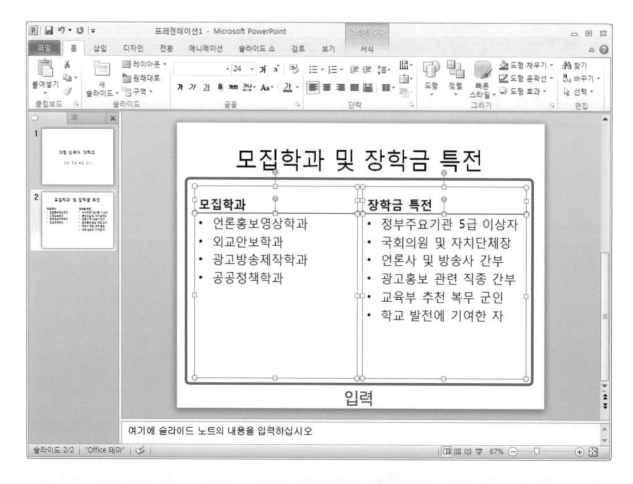

슬라이드 저장하기

5 작업한 슬라이드 내용을 저장하기 위하여 [파일] 탭의 [저장]을 선택합니다.

❶ 클릭
❷ 선택

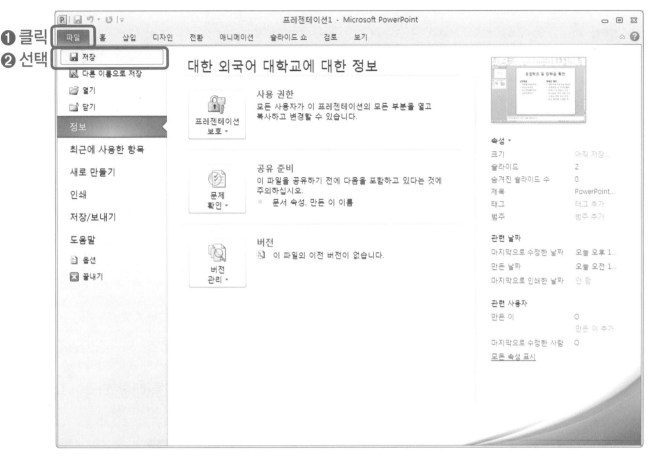

TIP 빠른 실행 도구 모음에서 [저장 💾] 단추를 클릭하거나 Ctrl + S 키를 눌러도 됩니다.

6 [다른 이름으로 저장] 대화상자에서 저장 위치(C:\성안당\파포2010\1장)를 지정한 후 파일 이름(대한 외국어 대학교)을 입력하고, [저장] 단추를 클릭합니다.

① 저장한 프레젠테이션 파일(문서)을 불러오려면 [파일] 탭의 [열기]를 선택합니다.

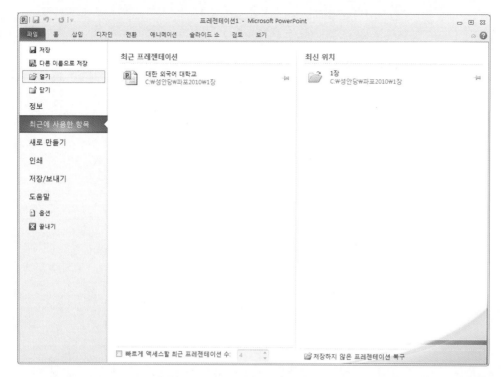

② [열기] 대화상자에서 찾는 위치(C:₩성안당₩파포2010₩1장)와 파일 이름(대한 외국어 대학교)을 지정한 후 [열기] 단추를 클릭합니다.

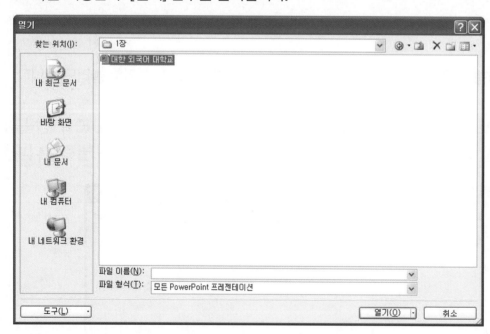

1 파워포인트 2010을 실행한 후 빠른 실행 도구 모음을 리본 메뉴 아래에 표시해 보세요.

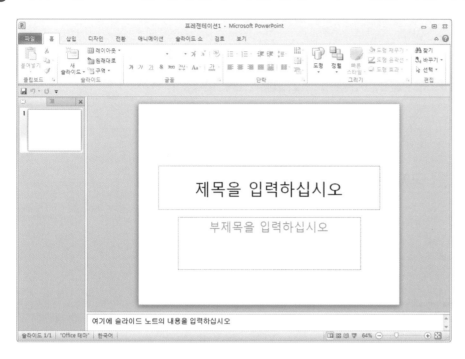

Hint! 빠른 실행 도구 모음 사용자 지정의 [목록] 단추를 클릭하고, [리본 메뉴 아래에 표시]를 선택합니다.

2 빠른 실행 도구 모음을 원위치 시킨 후 리본 메뉴를 최소화 시켜보세요.

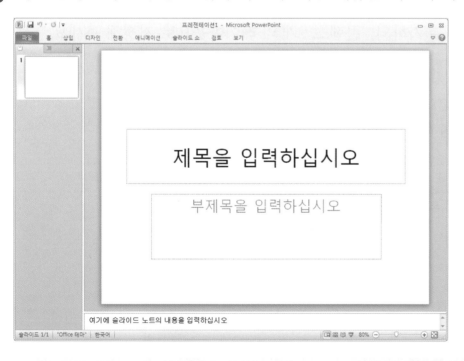

Hint! • 빠른 실행 도구 모음 사용자 지정의 [목록] 단추를 클릭하고, [리본 메뉴 위에 표시]를 선택합니다.
• 임의의 탭 위치에서 마우스 오른쪽 단추를 클릭하고, [리본 메뉴 최소화]를 선택합니다.

3 최소화된 리본 메뉴를 다시 표시한 후 슬라이드에 주어진 내용을 입력해 보세요.

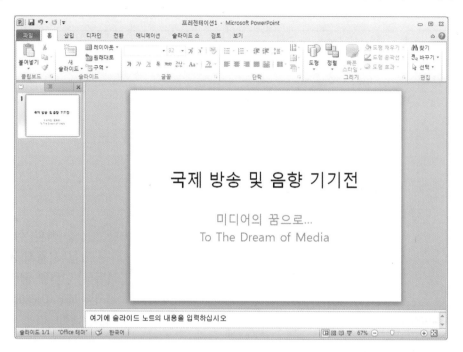

> *Hint!*　• 임의의 탭 위치에서 마우스 오른쪽 단추를 클릭하고, 다시 [리본 메뉴 최소화]를 선택합니다.
> • 제목 텍스트 상자와 부제목 텍스트 상자에 주어진 내용을 각각 입력합니다.

4 새로운 슬라이드를 추가하되, '콘텐츠 2개'의 레이아웃으로 지정해 보세요.

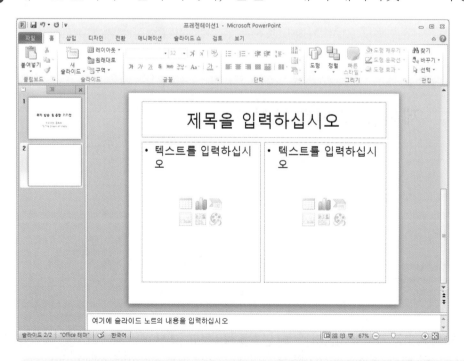

> *Hint!*　[홈] 탭의 [슬라이드] 그룹에서 [새 슬라이드] 단추를 클릭하고, '콘텐츠 2개'를 선택합니다.

5 다음과 같이 슬라이드 내용을 작성한 후 화면을 '80%'로 확대해 보세요.

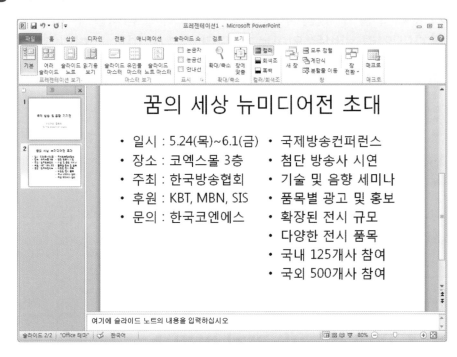

Hint! 슬라이드에 내용을 입력한 후 [보기] 탭의 [확대/축소] 그룹에서 [확대/축소] 단추를 클릭하고, 배율을 '80%'로 지정합니다.

6 슬라이드 화면을 창에 맞춘 후 '국제 방송 및 음향 기기전'으로 저장해 보세요.

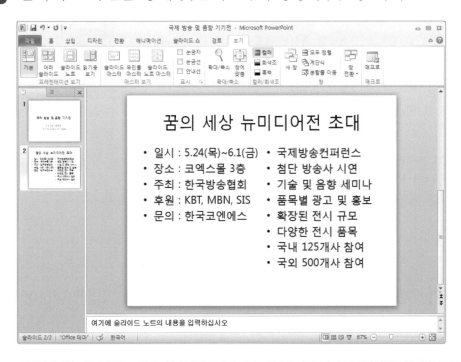

Hint! • [보기] 탭의 [확대/축소] 그룹에서 [창에 맞춤] 단추를 클릭합니다.
• [파일] 탭의 [저장]을 선택한 후 저장 위치(C:\성안당\파포2010\1장)를 지정하고, 파일 이름(국제 방송 및 음향 기기전)을 입력합니다.

슬라이드에 내용을 입력한 후 다양한 글꼴 서식을 지정하면 텍스트 내용을 보기 좋게 꾸밀 수 있습니다. 또한, 키보드에서 입력할 수 없는 한자와 특수 문자의 입력 방법을 알아보고, 단락 수준에 따른 글머리 기호와 번호를 삽입하여 항목을 체계적으로 구성해 보도록 하겠습니다.

완성파일 미리보기

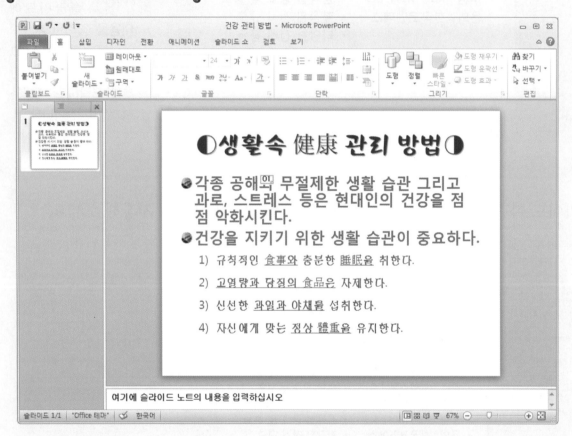

체크포인트

실습1 슬라이드에 입력한 텍스트 내용에 다양한 글꼴 서식을 지정하는 방법에 대하여 알아봅니다.

실습2 텍스트 내용 중 한자와 특수 문자를 입력하고, 메모를 삽입하는 방법에 대하여 알아봅니다.

실습3 텍스트 내용에 단락 수준을 조절하고, 글머리 기호와 번호를 삽입하여 항목 체계를 구성하는 방법에 대하여 알아봅니다.

밋밋한 텍스트를 보기 좋게 꾸미기

슬라이드에 입력한 텍스트 내용은 다양한 글꼴 서식(글꼴, 글꼴 크기, 글꼴 스타일, 글꼴 색 등)을 적용하여
시각적으로 보기 좋게 꾸밀 수 있습니다.

다양한 글꼴 서식 지정하기

1 레이아웃을 변경하기 위하여 [홈] 탭의 [슬라이드] 그룹에서 [레이아웃 레이아웃▾]
단추를 클릭하고, '제목 및 내용'을 선택합니다.

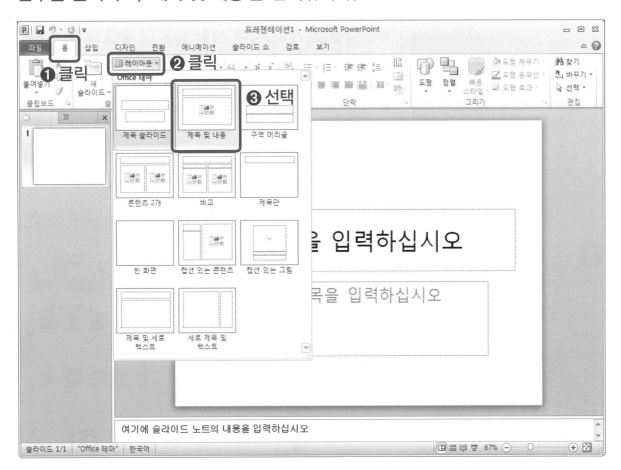

2 제목과 내용 텍스트 상자에 다음과 같이 슬라이드 내용을 입력합니다.

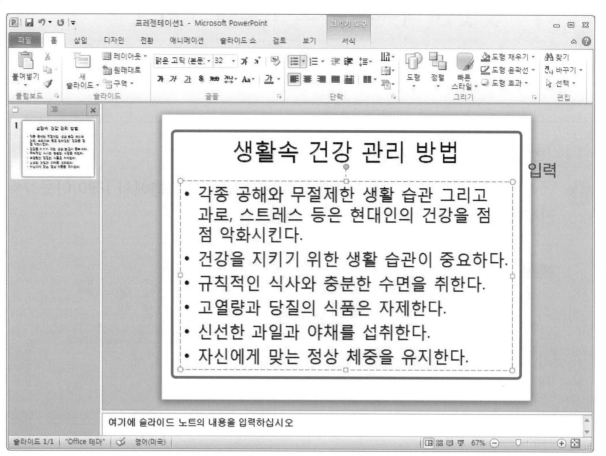

3 제목을 마우스로 드래그하여 범위 지정한 후 [홈] 탭의 [글꼴] 그룹에서 글꼴은 '양재소슬체S', 글꼴 크기는 '48', 글꼴 스타일은 '텍스트 그림자', 글꼴 색은 '진한 파랑'을 각각 설정합니다.

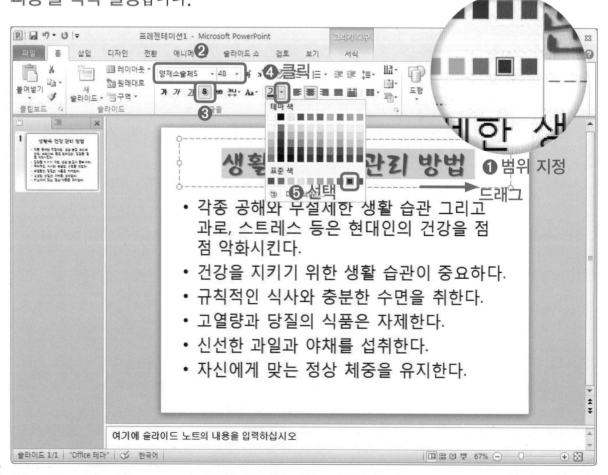

• [글꼴 크기 크게 ꜛ] : 글꼴 크기를 4포인트 단위로 크게 합니다(= Ctrl + Shift + > 키).
• [글꼴 크기 작게 ꜜ] : 글꼴 크기를 4포인트 단위로 작게 합니다(= Ctrl + Shift + < 키).
• [모든 서식 지우기 ꔹ] : 일반 텍스트만 남겨두고, 선택 영역의 모든 서식을 지웁니다.

④ 첫 번째와 두 번째 단락을 범위 지정한 후 글꼴은 '맑은 고딕', 글꼴 스타일은 '굵게', 글꼴 색은 '파랑'을 각각 설정합니다.

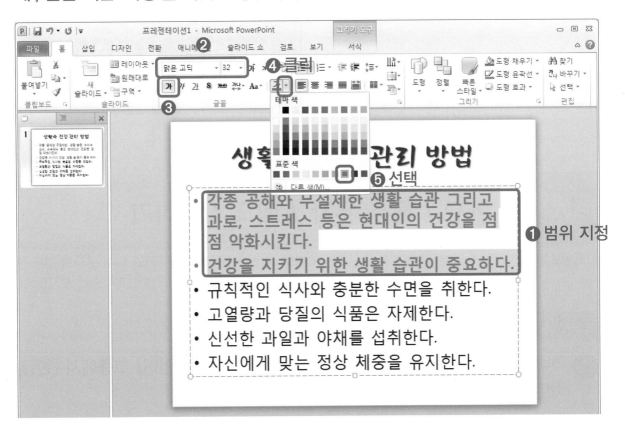

⑤ 나머지 단락을 범위 지정하여 글꼴은 '태 나무', 글꼴 크기는 '28', 글꼴 색은 '진한 빨강'으로 설정한 후 Ctrl 키를 누른 상태에서 다시 해당 내용만을 범위 지정하고, [밑줄 가] 단추를 클릭합니다.

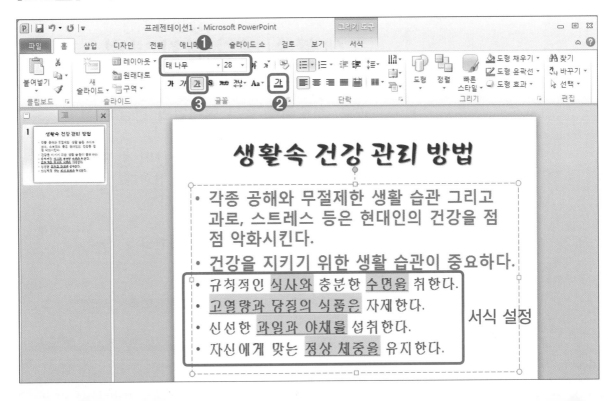

[홈] 탭의 [글꼴] 그룹에서 [대화상자 ⊡] 단추를 클릭한 후 [글꼴] 대화상자의 [글꼴] 탭을 이용하면 보다 다양한 글꼴 서식을 지정할 수 있습니다.

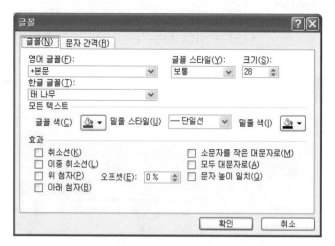

실습2 한자 / 특수 문자 / 메모 삽입하기

키보드에서 입력할 수 없는 한자와 특수 문자는 각각의 해당 대화상자를 이용하되 특수 문자의 경우 한글 자음을 이용할 수도 있습니다. 또한, 메모는 슬라이드에서 필요한 정보를 효과적으로 표시할 수 있습니다.

한자 입력하기

1 한자로 변경할 '건강'을 범위 지정한 후 [검토] 탭의 [언어] 그룹에서 [한글/한자 변환] 단추를 클릭합니다.

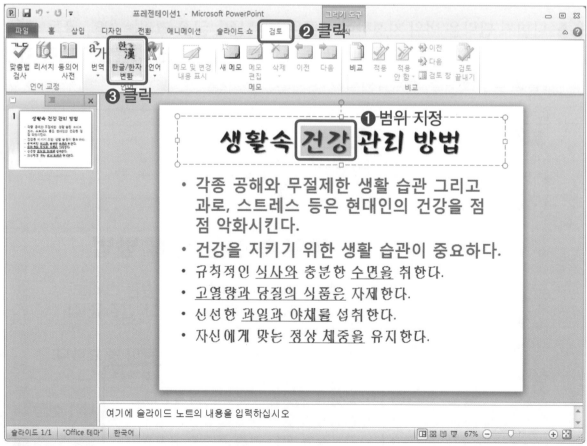

② [한글/한자 변환] 대화상자에서 해당 한자를 선택하고, [변환] 단추를 클릭합니다.

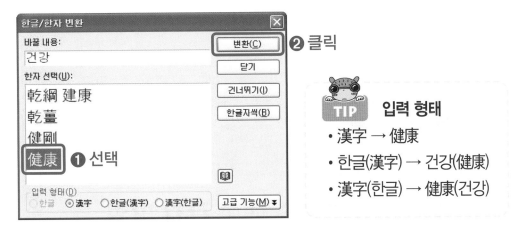

③ 동일한 방법으로 '식사', '수면', '식품', '체중' 단어들도 다음과 같이 해당 한자로 각 각 변환합니다.

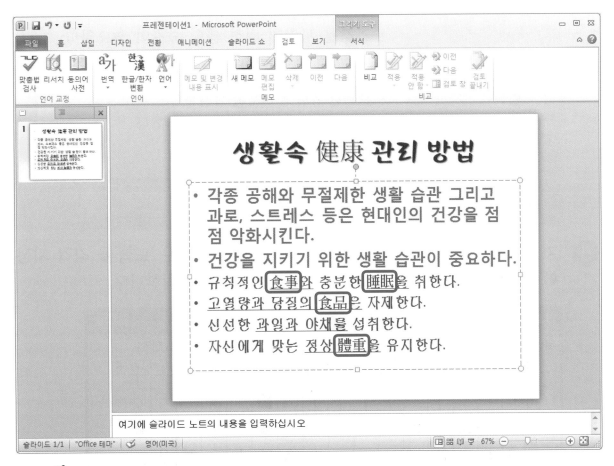

실력 쑥쑥 TIP 한자 변환

한자로 변환할 경우 단어 뒤에서 한자 키를 눌러도 되며, 한 글자 씩 입력한 후 한자 키를 누르면 글자에 해당하는 한자 목록이 나 타납니다.

특수 문자 입력하기

4 특수 문자를 입력하기 위하여 제목 앞에 커서를 위치시키고, [삽입] 탭의 [기호] 그룹에서 [기호 Ω] 단추를 클릭합니다.

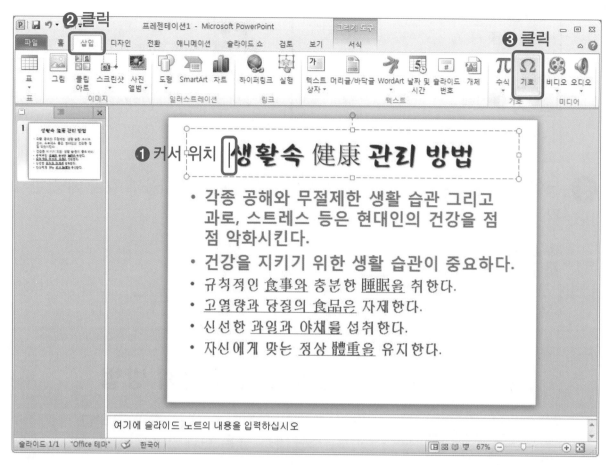

5 [기호] 대화상자에서 글꼴은 '(현재 글꼴)', 하위 집합은 '도형'을 각각 지정한 후 '◐' 기호를 선택하고, [삽입]/[닫기] 단추를 차례로 클릭합니다.

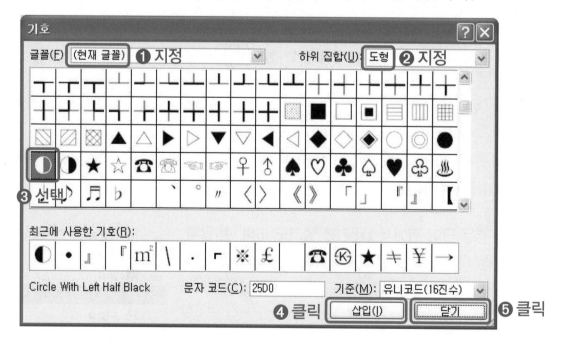

6 동일한 방법으로 제목 뒤에도 커서를 위치시킨 후 '◑' 기호를 삽입합니다.

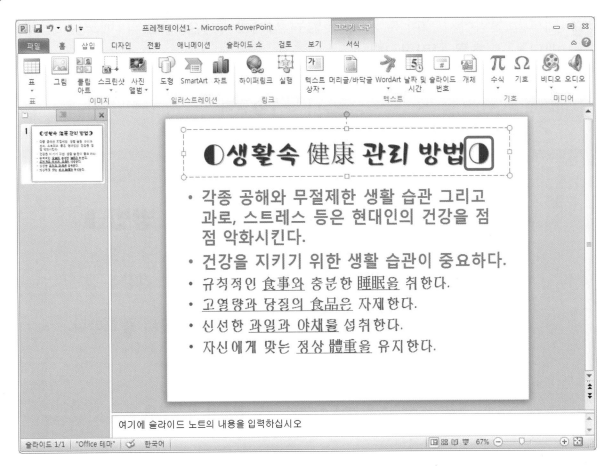

신격 쑥쑥 TIP 한글 자음으로 특수 문자 입력하기

제목 앞에서 한글 자음 'ㅁ'을 입력한 후 [한자] 키를 누르면 해당 특수 문자가 나타나며, 특수 문자 목록에서 [보기 변경 »] 단추를 클릭하면 나머지 기호 목록을 볼 수 있습니다.

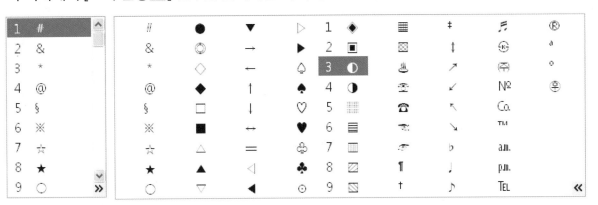

자음	특수 문자	자음	특수 문자
ㄱ	문장 기호(!, ｜,'," ,. /, : ?, ^ _, ｜ 등)	ㅇ	영문 원/괄호 문자(ⓐ, ⓑ, ⒜, ⒝ 등)
ㄴ	괄호(", (, [, {, 〈, 《, 「, 『, 【 등)	ㅈ	숫자(0, 1, ⅰ, ⅱ, ⅲ, Ⅰ, Ⅱ, Ⅲ 등)
ㄷ	수학 기호(+, −, 〈, ≒, ±, ×, ÷, ≠ 등)	ㅊ	분수/첨자(½, ⅓, ^{1}, ^{2}, $_1$, $_2$ 등)
ㄹ	단위($, %, ₩, cm, km, mm², cm², m² 등)	ㅋ	현대 자음/모음(ㄱ, ㄲ, ㄳ, ㅏ, ㅐ 등)
ㅁ	일반 도형(#, &, *, @, ※, ☆, ○, ◎ 등)	ㅌ	고어 자음/모음(ㄴ, ㄸ, ㄹㅏ, ㄹㄷ, ㅳ 등)
ㅂ	괘선(─, ｜, ┌, ┐, ┘, └, ├ 등)	ㅍ	로마 문자(A, B, C, a, b, c 등)
ㅅ	한글 원/괄호 문자(㉠, ㉡, ㈀, ㈁ 등)	ㅎ	그리스 문자(Α, Β, Γ, Δ, Ε, Θ 등)

메모 삽입하기

7 메모를 삽입하기 위하여 '공해'를 범위 지정한 후 [검토] 탭의 [메모] 그룹에서 [새 메모 📝] 단추를 클릭합니다.

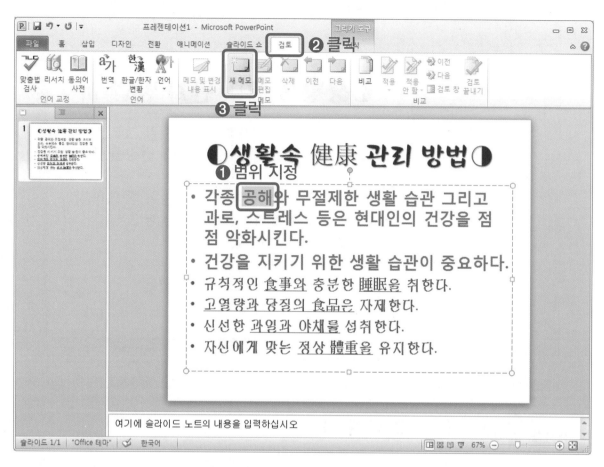

8 메모 입력 상자가 나타나면 "주된 원인은 환경 오염"을 입력합니다.

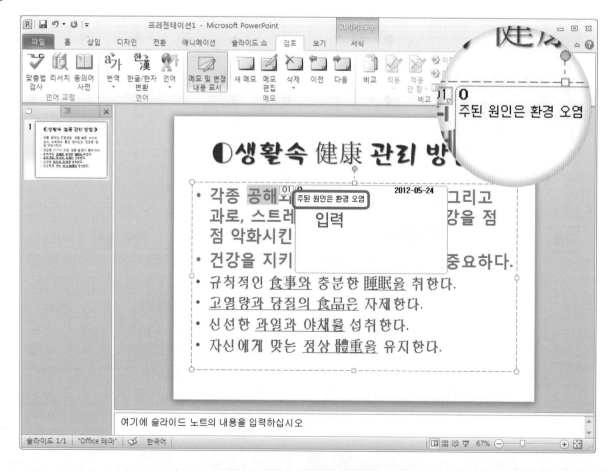

실습3 글머리 기호로 항목 체계 구성하기

텍스트 내용 중 필요한 부분의 단락 수준과 줄 간격을 조절하고, 여기에 글머리 기호나 번호를 삽입할 수 있습니다. 이러한 단락 조정은 여러 단락을 큰 항목과 작은 항목으로 나눌 때 주로 사용합니다.

단락 수준 조절하기

1 단락 수준을 조절하기 위하여 해당 단락을 범위 지정한 후 [홈] 탭의 [단락] 그룹에서 [목록 수준 늘림] 단추를 클릭합니다.

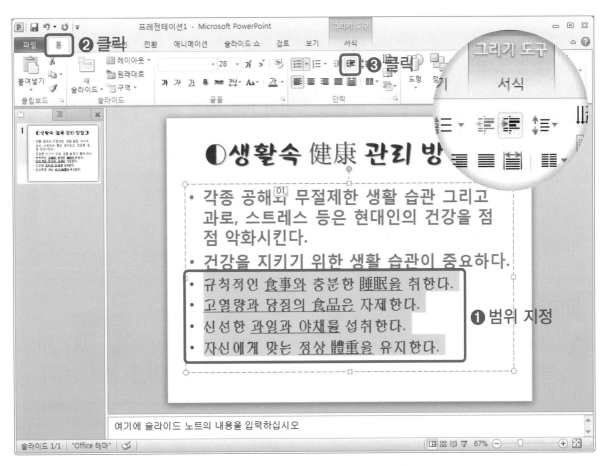

- [목록 수준 늘림] : 단락의 들여 쓰기 수준을 높입니다(= Tab 키).
- [목록 수준 줄임] : 단락의 들여 쓰기 수준을 낮춥니다(= Shift + Tab 키).

줄 간격 조절하기

❷ 계속해서 범위가 지정된 상태에서 [단락] 그룹에 있는 [줄 간격 ⏸☰▾] 단추를 클릭하고, '1.5'를 선택합니다.

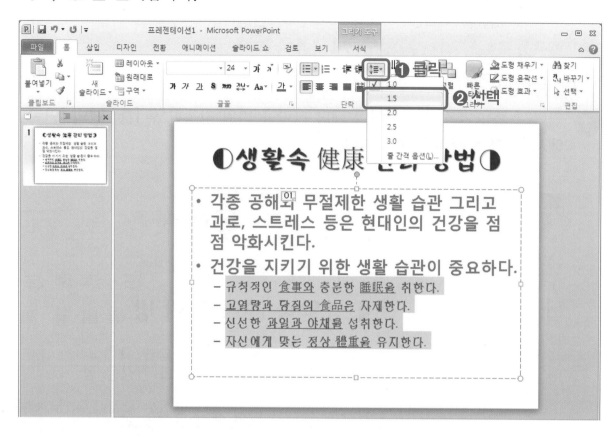

글머리 기호 삽입하기

❸ 첫 번째와 두 번째 단락을 범위 지정한 후 [홈] 탭의 [단락] 그룹에서 [글머리 기호 목록 ☰▾] 단추를 클릭하고, [글머리 기호 및 번호 매기기]를 선택합니다.

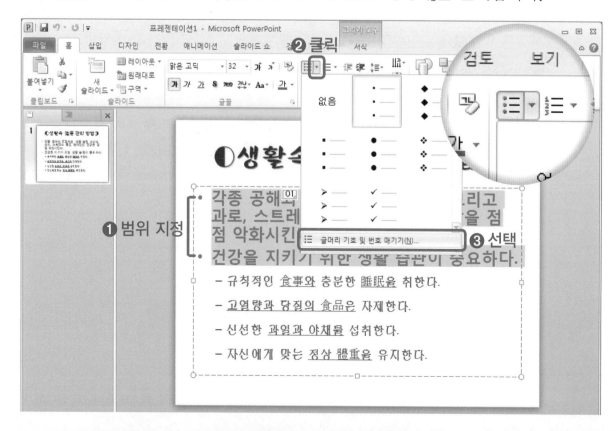

④ [글머리 기호 및 번호 매기기] 대화상자의 [글머리 기호] 탭에서 [그림] 단추를 클릭합니다.

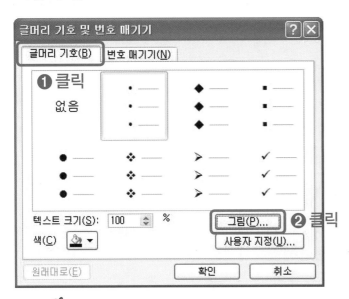

실력 쑥쑥 TIP [글머리 기호] 탭

❶ 글머리 기호 목록 : 기본적인 글머리 기호 모양을 제공합니다.

❷ 텍스트 크기 : 텍스트의 크기에 따라 해당 비율만큼 크기를 조정합니다.

❸ 색 : 글머리 기호의 색상을 변경할 수 있습니다.

❹ 그림 : 기본적인 글머리 기호 외에 다양한 모양의 글머리 기호를 제공합니다.

❺ 사용자 지정 : [기호] 대화상자에서 사용자가 원하는 모양의 특수 기호를 선택하여 글머리 기호로 사용할 수 있습니다.

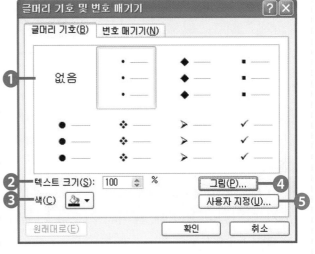

⑤ [그림 글머리 기호] 대화상자가 나타나면 원하는 모양을 선택하고, [확인] 단추를 클릭합니다.

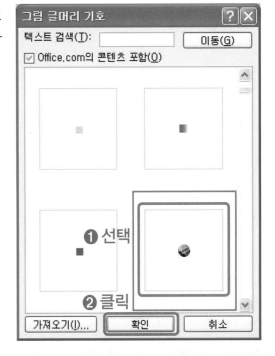

번호 삽입하기

6 나머지 단락을 모두 범위 지정한 후 [홈] 탭의 [단락] 그룹에서 [번호 매기기 목록 📑▼] 단추를 클릭하고, 원하는 번호 모양을 선택합니다.

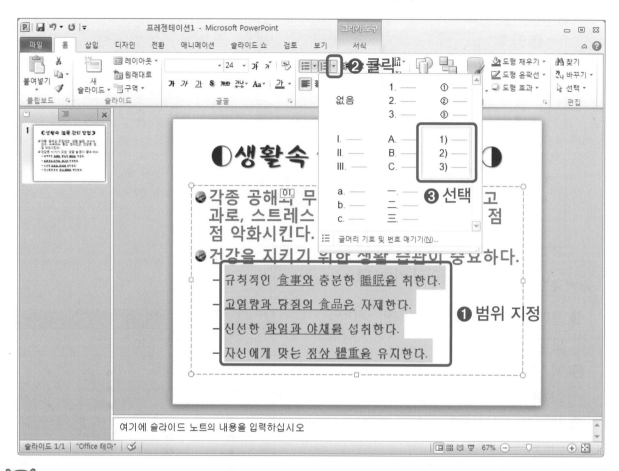

TIP 글머리 기호나 번호가 삽입된 상태에서 Enter 키를 누르면 자동으로 글머리 기호나 번호가 삽입됩니다. 이때, 글머리 기호나 번호를 다음 줄에 삽입하지 않으려면 Shift + Enter 키를 누르면 됩니다.

1 '제목 및 내용' 레이아웃에 다음의 내용을 입력하고, 주어진 글꼴 서식을 각각 지정해 보세요.

– 제목 : 글꼴(양재참숯체B), 글꼴 크기(48), 글꼴 스타일(기울임꼴, 텍스트 그림자)
– 첫 번째/다섯 번째 단락 : 글꼴(HY목각파임B), 글꼴 스타일(굵게), 글꼴 색(진한 빨강)
– 나머지 단락 : 글꼴(HY수평선M), 글꼴 색(진한 파랑)

항공사별 수수료 비교

- 서울 항공
- 예매 수수료 : 별도로 없음
- 수화물 수수료 : 1kg 초과시 2,000원 부과
- 좌석 수수료 : 특별 좌석만 부과
- 오사카 항공
- 예매 수수료 : 인터넷 예매만 없음
- 수화물 수수료 : 1kg 초과시 3,000원 부과
- 좌석 수수료 : 좌석마다 차등 부과

Hint! • 슬라이드 레이아웃을 '제목 및 내용'으로 변경한 후 텍스트 내용을 입력합니다.
• [홈] 탭의 [글꼴] 그룹에서 주어진 글꼴 서식을 각각 지정합니다.

2 슬라이드 내용 중 특정 부분의 글꼴 서식(굵게, 밑줄)을 동시에 변경해 보세요.

항공사별 수수료 비교

- 서울 항공
- 예매 수수료 : 별도로 없음
- 수화물 수수료 : 1kg 초과시 <u>**2,000원**</u> 부과
- 좌석 수수료 : 특별 좌석만 부과
- 오사카 항공
- 예매 수수료 : 인터넷 예매만 없음
- 수화물 수수료 : 1kg 초과시 <u>**3,000원**</u> 부과
- 좌석 수수료 : 좌석마다 차등 부과

Hint! Ctrl 키를 이용하여 '2,000원'과 '3,000원' 부분을 동시에 범위 지정한 후 주어진 글꼴 서식을 지정합니다.

3 슬라이드 내용 중 '수수료'와 '항공'은 주어진 한자 형태로 변환하고, 제목 앞뒤에는 해당 특수 문자를 삽입해 보세요.

◨항공사별 *手數料* 비교◨

- 서울 항공 (航空)
- 예매 수수료 : 별도로 없음
- 수화물 수수료 : 1kg 초과시 <u>2,000원</u> 부과
- 좌석 수수료 : 특별 좌석만 부과
- 오사카 항공 (航空)
- 예매 수수료 : 인터넷 예매만 없음
- 수화물 수수료 : 1kg 초과시 <u>3,000원</u> 부과
- 좌석 수수료 : 좌석마다 차등 부과

Hint! • [한글/한자 변환] 대화상자에서 주어진 한자와 입력 형태를 선택합니다.
• 제목 앞뒤에서 한글 자음 'ㅁ'을 입력하고, 한자 키를 눌러 해당 특수 문자를 선택합니다.

4 슬라이드 내용 중 '차등' 부분에 주어진 메모를 삽입해 보세요.

◨항공사별 *手數料* 비교◨

- 서울 항공 (航空)
- 예매 수수료 : 별도로 없음
- 수화물 수수료 : 1kg 초과시 <u>2,000원</u> 부과
- 좌석 수수료 : 특별 좌석만 부과
- 오사카 항공 (航空)
- 예매 수수료 : 인터넷 예매만 없음
- 수화물 수수료 : 1kg 초과시 <u>3,000원</u> 부과
- 좌석 수수료 : 좌석마다 차등

이 0   2012-05-25
일반 좌석은 9,800원
특별 좌석은 18,300원

Hint! '차등'을 범위 지정한 후 [검토] 탭의 [메모] 그룹에서 [새 메모] 단추를 클릭하고, 주어진 메모 내용을 입력합니다.

5 슬라이드에서 해당 단락의 수준을 내리고, 줄 간격을 '1.5'로 조정해 보세요.

■항공사별 *手數料* 비교■

• 서울 항공 (航空)
  – 예매 수수료 : 별도로 없음
  – 수화물 수수료 : 1kg 초과시 2,000원 부과
  – 좌석 수수료 : 특별 좌석만 부과
• 오사카 항공 (航空)
  – 예매 수수료 : 인터넷 예매만 없음
  – 수화물 수수료 : 1kg 초과시 3,000원 부과
  – 좌석 수수료 : 좌석마다 차등 부과

Hint! Ctrl 키를 이용하여 해당 단락을 동시에 범위 지정한 후 [홈] 탭의 [단락] 그룹에서 [목록 수준 늘림] 단추와 [줄 간격] 단추를 클릭합니다.

6 다음과 같이 각각의 단락에 글머리 기호와 번호를 삽입해 보세요.

■항공사별 *手數料* 비교■

➢ 서울 항공 (航空)
  a. 예매 수수료 : 별도로 없음
  b. 수화물 수수료 : 1kg 초과시 2,000원 부과
  c. 좌석 수수료 : 특별 좌석만 부과
➢ 오사카 항공 (航空)
  a. 예매 수수료 : 인터넷 예매만 없음
  b. 수화물 수수료 : 1kg 초과시 3,000원 부과
  c. 좌석 수수료 : 좌석마다 차등 부과

Hint!
• 첫 번째, 다섯 번째 단락을 범위 지정한 후 [글머리 기호] 목록에서 '화살표 글머리 기호'를 선택합니다.
• 나머지 단락을 범위 지정한 후 [번호 매기기] 목록에서 'a. b. c.'를 선택합니다.

03장 슬라이드에 디자인 적용하기

슬라이드 배경에 테마 디자인과 다양한 효과를 적용하여 화려한 디자인을 만들 수 있습니다. 또한, 자유롭게 입력하고, 편집할 수 있는 가로/세로 텍스트 상자와 서식 복사 기능에 대해서도 살펴보도록 하겠습니다.

완성파일 미리보기

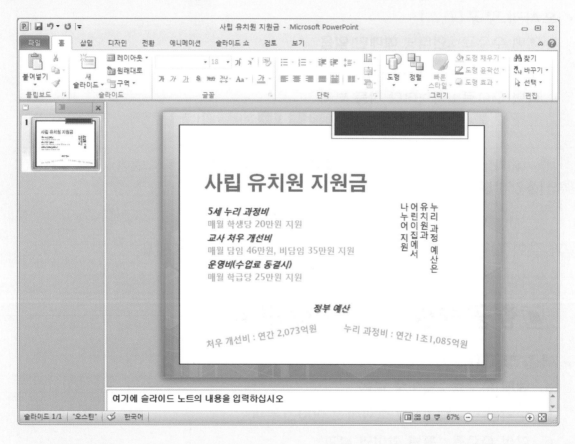

체크포인트

실습1 슬라이드 배경에 테마 디자인을 적용한 후 다양한 효과를 이용하여 테마를 편집하는 방법에 대하여 알아봅니다.

실습2 텍스트 내용을 자유롭게 입력할 수 있는 가로/세로 텍스트 상자의 삽입 방법에 대하여 알아봅니다.

실습3 텍스트 상자의 위치와 방향을 자유롭게 조절한 후 글꼴 서식을 한 번에 복사할 수 있는 서식 복사 기능에 대하여 알아봅니다.

테마 디자인 적용과 편집하기

슬라이드 배경에 원하는 테마 디자인을 적용한 후 색상, 글꼴, 배경 스타일 등의 다양한 효과를 지정하면
슬라이드 테마를 화려하게 편집할 수 있습니다.

테마 디자인 적용하기

1 [홈] 탭의 [슬라이드] 그룹에서 [레이아웃 囲 레이아웃 ▼] 단추를 클릭하고, '제목만'을
선택합니다.

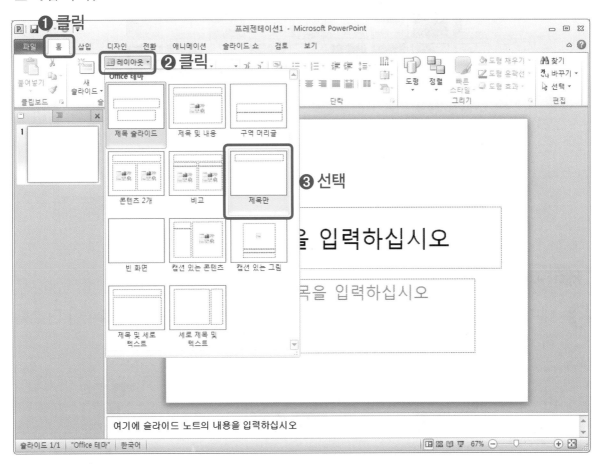

② 슬라이드 배경에 테마를 적용하기 위하여 [디자인] 탭의 [테마] 그룹에서 [자세히 ▼] 단추를 클릭하고, 기본 제공에 있는 '오스틴'을 선택합니다.

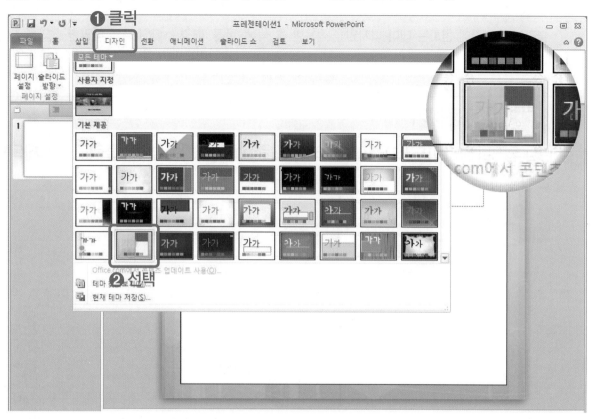

테마 디자인 편집하기

③ 테마 색을 변경하기 위하여 [디자인] 탭의 [테마] 그룹에서 [색 ▼] 단추를 클릭하고, '균형'을 선택합니다.

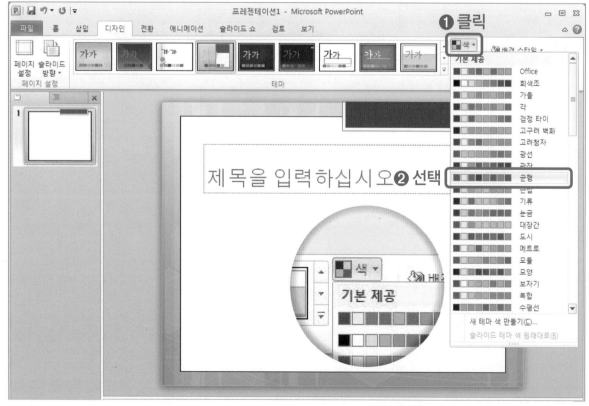

4 계속해서 테마 글꼴을 변경하기 위하여 [테마] 그룹에서 [글꼴 가 글꼴 ▾] 단추를 클릭하고, 'HY견고딕'을 선택합니다.

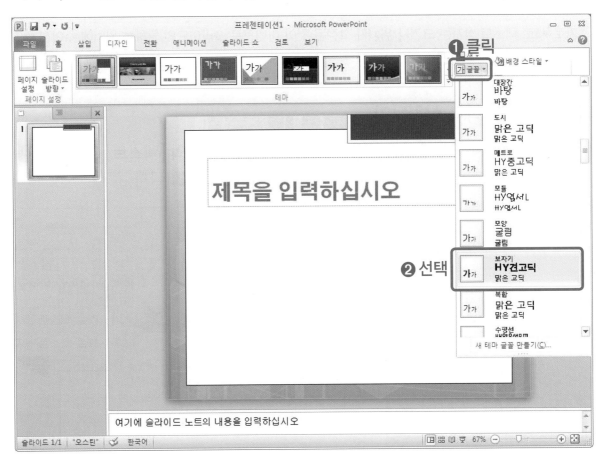

TIP [디자인] 탭의 [배경] 그룹에서 [배경 스타일] 단추를 클릭하면 테마의 배경 스타일을 변경할 수 있고, '배경 그래픽 숨기기'를 선택하면 슬라이드 테마에 포함된 배경 그래픽을 표시하지 않습니다.

가로/세로 텍스트 상자 삽입하기

가로/세로 텍스트 상자는 크기나 위치가 고정된 것이 아니므로 슬라이드의 원하는 위치에 주어진 텍스트 내용을 자유롭게 입력할 수 있습니다.

가로 텍스트 상자 삽입하기

1 슬라이드 제목에 주어진 내용을 입력한 후 [삽입] 탭의 [텍스트] 그룹에서 [텍스트 상자] 단추를 클릭하고, [가로 텍스트 상자]를 선택합니다.

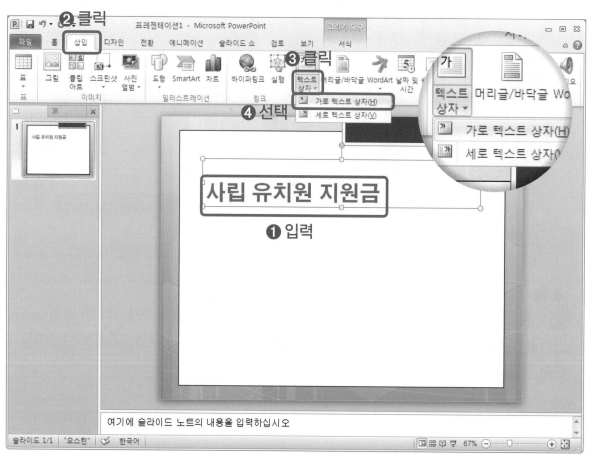

2 마우스 포인터가 '↓' 모양으로 변경되면 해당 위치에서 마우스를 드래그하여 텍스트 상자의 크기를 적당히 조절합니다.

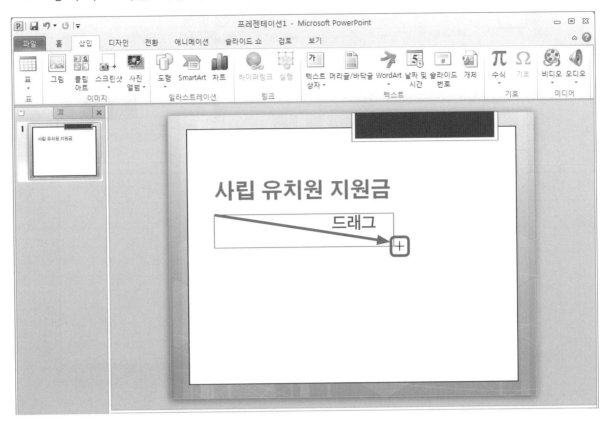

임의의 위치에 가로 텍스트 상자를 삽입하면 지정한 가로 길이의 크기만큼만 슬라이드에 나타납니다.

3 가로 텍스트 상자에 주어진 내용을 입력한 후 `Ctrl` 키를 이용하여 다음과 같이 범위 지정합니다.

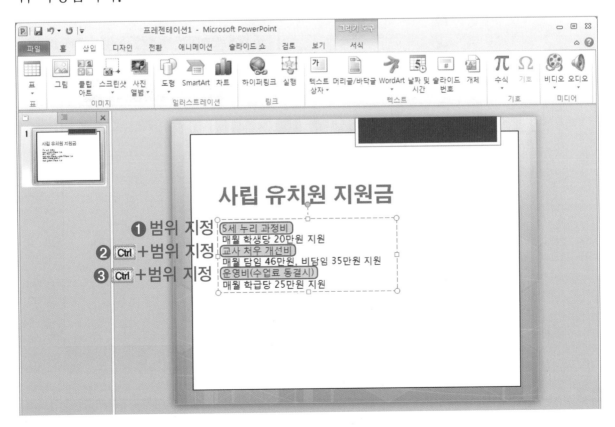

④ [홈] 탭의 [단락] 그룹에서 [줄 간격 ⬆⧎▼] 단추를 클릭하고, '1.5'를 선택합니다.

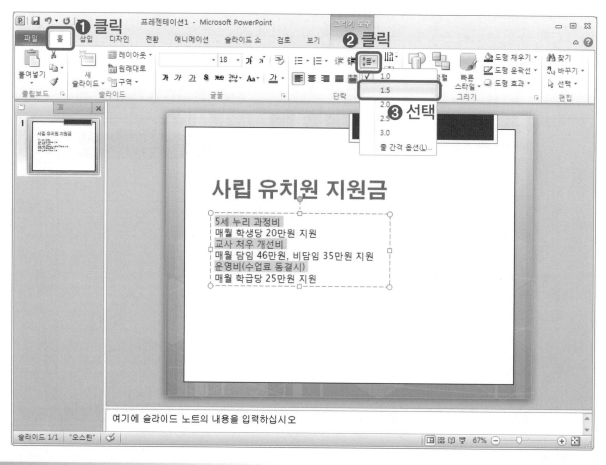

세로 텍스트 상자 삽입하기

⑤ [삽입] 탭의 [텍스트] 그룹에서 [텍스트 상자 ⬛] 단추를 클릭하고, [세로 텍스트 상자]를 선택합니다.

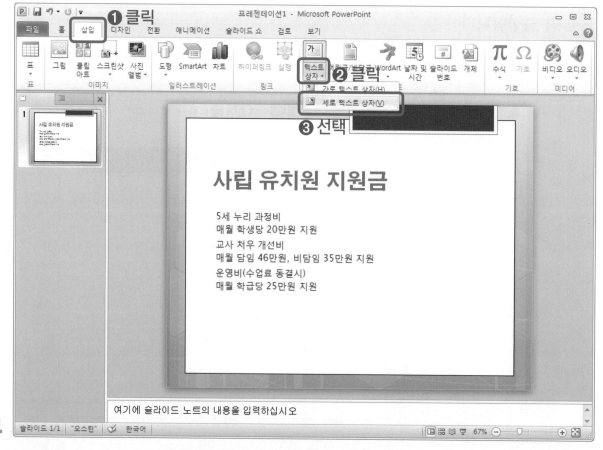

6 마우스 포인터가 변경되면 임의의 위치에 세로 텍스트 상자를 삽입한 후 주어진 내용을 입력합니다.

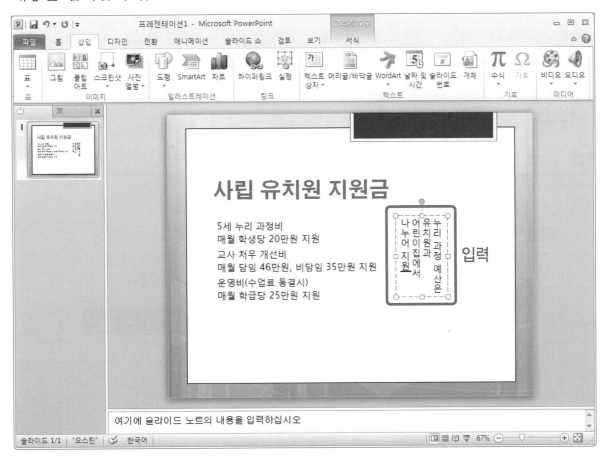

TIP 텍스트 상자를 삽입할 경우 임의의 위치에서 마우스를 클릭하고, 주어진 내용을 입력해도 됩니다.

텍스트 상자 편집하기

슬라이드에 삽입한 가로/세로 텍스트 상자의 위치와 방향을 자유롭게 조절할 수 있습니다. 또한, 서식 복사 기능을 이용하면 텍스트 상자의 글꼴 서식을 한 번에 복사할 수 있습니다.

텍스트 상자 위치 조절하기

1 텍스트 상자의 위치를 이동시키기 위하여 해당 텍스트 상자를 선택한 후 테두리 부분에서 마우스를 원하는 방향으로 드래그합니다.

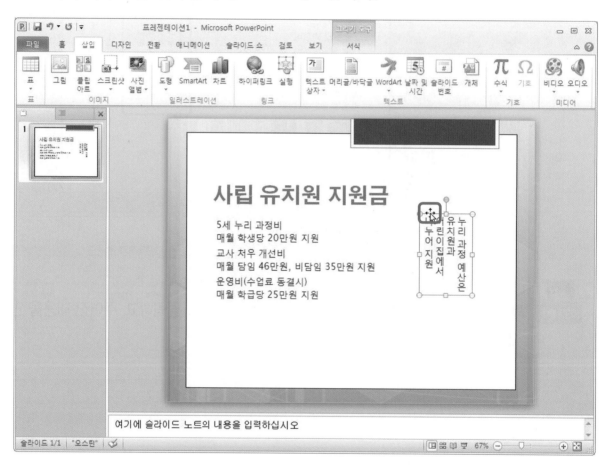

② 가로 텍스트 상자를 이용하여 슬라이드 하단에 다음과 같이 각각 입력한 후 위치를 적당히 조절합니다.

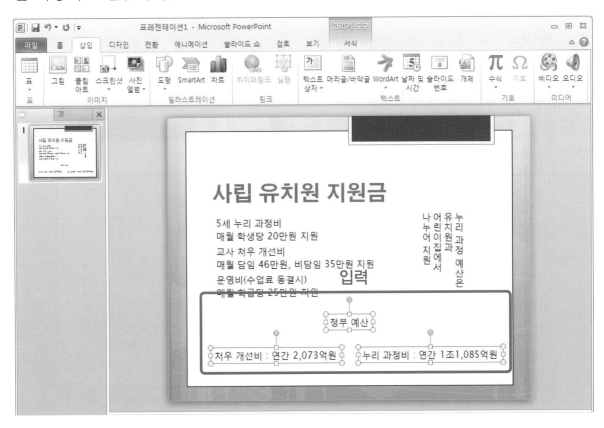

텍스트 상자 방향 조절하기

③ 왼쪽 텍스트 상자의 방향을 조절하기 위하여 회전 핸들에 마우스를 위치시킨 후 마우스 포인터가 변경되면 원하는 방향으로 천천히 드래그합니다.

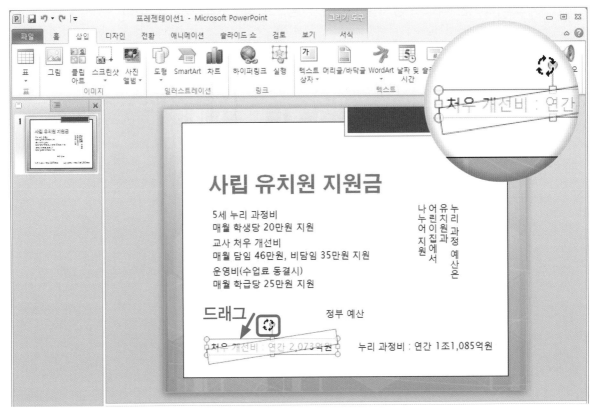

④ 동일한 방법으로 오른쪽 텍스트 상자도 회전 핸들을 이용하여 다음과 같이 방향을 조절합니다.

실력 쑥쑥 TIP **텍스트 상자의 회전 핸들과 조절점**

회전 핸들에 마우스를 위치시키면 마우스 포인터가 💿 모양으로 변경됩니다. 이때, 마우스를 천천히 드래그하면 텍스트 상자를 원하는 방향으로 회전시킬 수 있습니다.

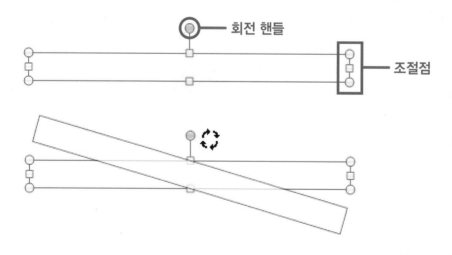

글꼴 서식 복사하기

5 첫 번째 줄 내용의 글꼴 스타일은 '기울임꼴', '텍스트 그림자'를, 두 번째 줄 내용의 글꼴 스타일은 '굵게', 글꼴 색은 '연한 파랑'을 각각 지정합니다.

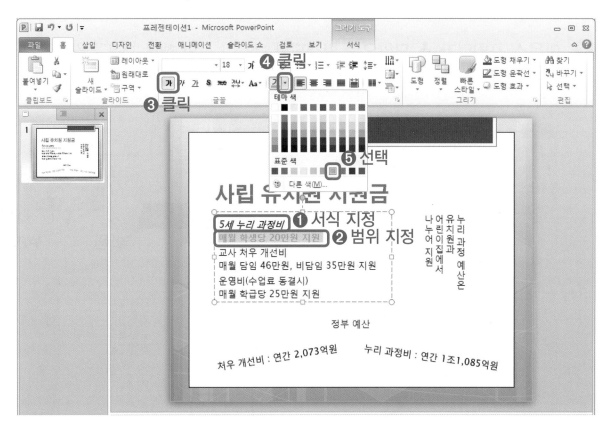

6 다시 첫 번째 줄을 범위 지정한 후 [홈] 탭의 [클립보드] 그룹에서 [서식 복사 ✍] 단추를 더블 클릭합니다.

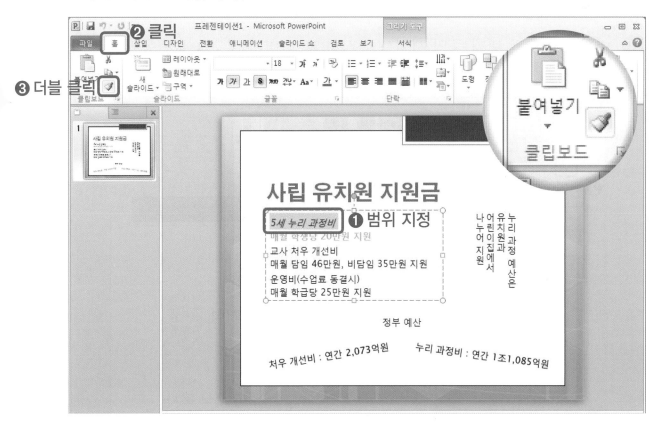

7 마우스 포인터가 🧹 모양으로 변경되면 다음과 같이 해당 내용들을 각각 드래그하여 서식을 복사합니다.

8 마찬가지로 두 번째 줄의 서식을 복사한 후 나머지 내용들에도 동일한 서식을 복사합니다.

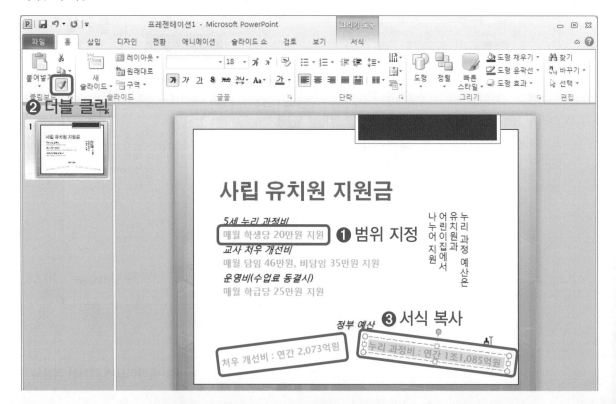

1 '제목만' 레이아웃에 다음과 같은 배경 스타일을 적용해 보세요.

– 디자인 테마 : 눈금

– 색 : 광장

– 글꼴 : 보자기(HY견고딕, 맑은 고딕)

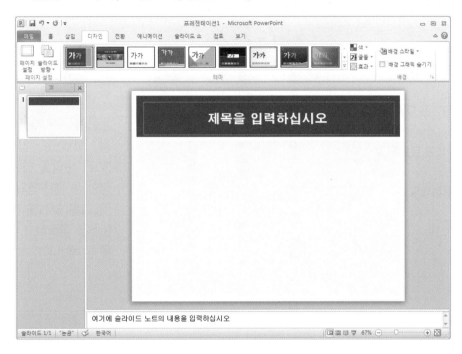

Hint! [디자인] 탭의 [테마] 그룹에서 테마, 테마 색, 테마 글꼴을 각각 지정합니다.

2 가로/세로 텍스트 상자를 이용하여 주어진 내용을 각각 입력해 보세요.

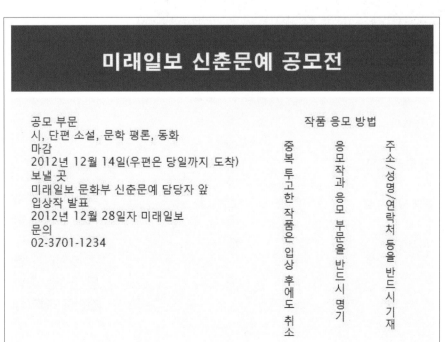

Hint! [삽입] 탭의 [텍스트] 그룹에서 [텍스트 상자] 단추를 클릭하고, [가로/세로 텍스트 상자]를 선택하여 주어진 내용을 각각 입력합니다.

3 가로 텍스트 상자에 입력한 내용 중 해당 단락의 줄 간격을 '2.0'으로 조정해 보세요.

미래일보 신춘문예 공모전

작품 응모 방법

공모 부문
시, 단편 소설, 문학 평론, 동화

마감
2012년 12월 14일(우편은 당일까지 도착)

보낼 곳
미래일보 문화부 신춘문예 담당자 앞

입상작 발표
2012년 12월 28일자 미래일보

문의
02-3701-1234

중복 투고한 작품은 입상 후에도 취소

응모작과 응모 부문을 반드시 명기

주소/성명/연락처 등을 반드시 기재

> **Hint!** [Ctrl] 키를 이용하여 '공모 부문', '마감', '보낼 곳', '입상작 발표', '문의'를 범위 지정한 후 [홈] 탭의 [단락] 그룹에서 [줄 간격] 단추를 클릭하고, '2.0'을 선택합니다.

4 세로 텍스트 상자의 내용을 다음과 같이 왼쪽과 오른쪽으로 회전시켜 보세요.

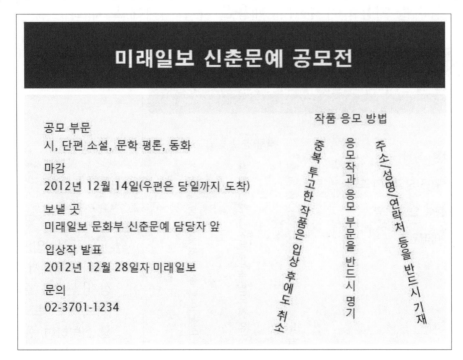

미래일보 신춘문예 공모전

작품 응모 방법

공모 부문
시, 단편 소설, 문학 평론, 동화

마감
2012년 12월 14일(우편은 당일까지 도착)

보낼 곳
미래일보 문화부 신춘문예 담당자 앞

입상작 발표
2012년 12월 28일자 미래일보

문의
02-3701-1234

중복 투고한 작품은 입상 후에도 취소

응모작과 응모 부문을 반드시 명기

주소/성명/연락처 등을 반드시 기재

> **Hint!** 세로 텍스트 상자를 선택한 후 회전 핸들에 마우스를 위치시키고, 마우스 포인터가 변경되면 원하는 방향으로 천천히 드래그합니다.

5 가로 텍스트 상자에서 해당 줄 내용에 글꼴 서식을 지정한 후 글머리 기호를 삽입해 보세요.

　– 첫 번째 줄 : 글꼴(HY동녘B), 글꼴 스타일(기울임꼴), 글꼴 색(진한 빨강)
　– 두 번째 줄 : 글꼴(맑은 고딕), 글꼴 스타일(굵게), 글꼴 색(진한 파랑)

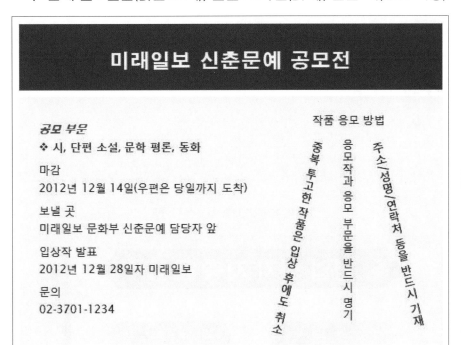

Hint! ・[홈] 탭의 [글꼴] 그룹에서 주어진 글꼴 서식을 각각 지정합니다.
・[홈] 탭의 [단락] 그룹에서 [글머리 기호] 단추를 클릭하고, '별표 글머리 기호'를 선택합니다.

6 서식 복사 기능을 이용하여 첫 번째와 두 번째 줄의 글꼴 서식을 다음과 같이 복사해 보세요.

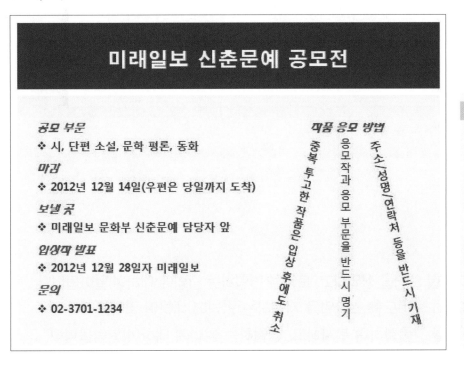

Hint! ・첫 번째 줄 내용을 범위 지정한 후 [홈] 탭의 [클립보드] 그룹에서 [서식 복사] 단추를 더블 클릭하고, 해당 줄을 각각 드래그하여 서식을 복사합니다.
・두 번째 줄 내용을 범위 지정한 후 동일한 방법으로 해당 줄에 서식을 복사합니다.

04장 도형 슬라이드 작성하기

파워포인트에서 제공하는 도형은 슬라이드 내용을 그래픽적으로 표현할 수 있는 개체로, 도형의 작업 범위는 무궁무진합니다. 특히, 프레젠테이션에 있어 도형을 활용한 시각적 효과는 의미 전달에 무엇보다 중요하므로 기본적인 사항부터 살펴보도록 하겠습니다.

완성파일 미리보기

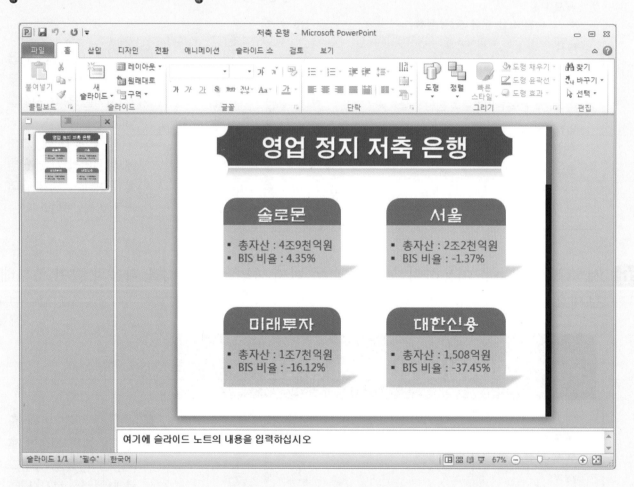

체크포인트

실습1 슬라이드에 다양한 도형을 삽입하고, 모양을 변형하는 방법에 대하여 알아봅니다.

실습2 삽입한 도형에 화려한 도형 스타일을 지정하는 방법에 대하여 알아봅니다.

실습3 여러 개의 도형을 그룹화하여 복사하고, 정렬하는 방법에 대하여 알아봅니다.

실습 1 # 슬라이드에 다양한 도형 삽입하기

도형은 슬라이드 작성에 있어 시각적인 표현을 가장 효과적으로 나타낼 수 있는 기능입니다. 슬라이드에 삽입한 도형은 필요에 따라 모양도 자유롭게 변형할 수 있습니다.

배경 테마 지정하기

1 [홈] 탭의 [슬라이드] 그룹에서 [레이아웃 📰레이아웃▾] 단추를 클릭하고, '빈 화면'을 선택합니다.

❷ [디자인] 탭의 [테마] 그룹에서 [자세히 ▾] 단추를 클릭하고, 기본 제공에 있는 '필수'를 선택합니다.

도형 삽입과 모양 변경하기

❸ [삽입] 탭의 [일러스트레이션] 그룹에서 [도형] 단추를 클릭하고, 기본 도형에 있는 [배지]를 선택합니다.

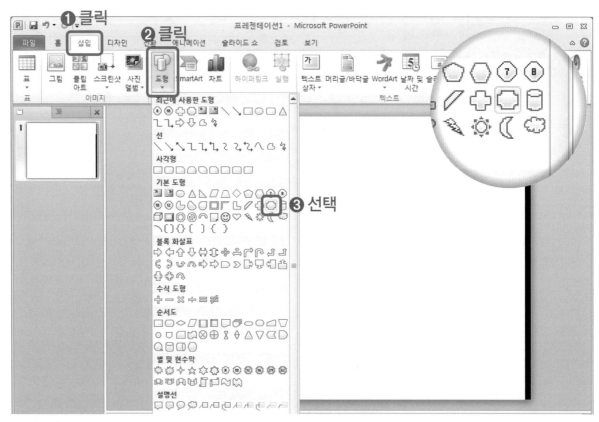

4 마우스 포인터가 '+' 모양으로 변경되면 슬라이드 상단에 적당한 크기로 드래그하여 삽입합니다.

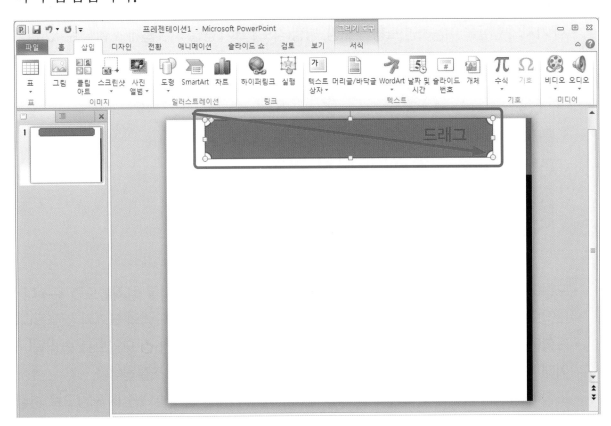

TIP 슬라이드에 도형을 삽입할 경우 도형의 기본 색은 파란색 계통이지만 슬라이드에 적용된 테마에 따라 도형 색상이 다르게 결정됩니다.

5 도형이 선택된 상태에서 [노란색 모양 조절 핸들◇]을 도형 안쪽으로 드래그하여 모양을 변경합니다.

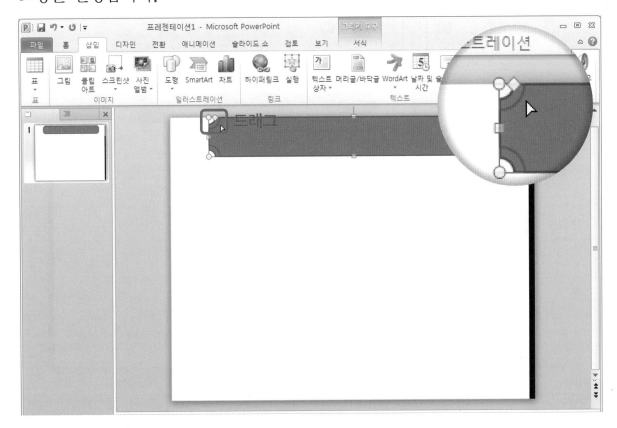

도형의 편집 핸들

- 슬라이드에 도형을 삽입하면 회전 핸들, 모양 조절 핸들, 크기 조절 핸들이 나타납니다.
- 세 가지의 핸들을 이용하면 도형의 모양, 방향(각도), 크기 등을 자유롭게 조절할 수 있습니다.

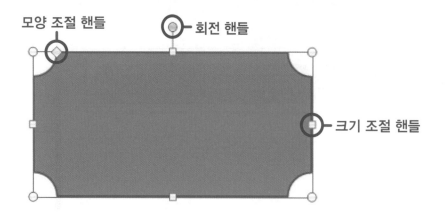

- 도형이 선택된 상태에서 임의의 크기 조절 핸들에 마우스 포인터를 올려놓으면 ↔ 나 ↖ 모양으로 변경됩니다. 이때, 마우스를 원하는 크기로 드래그하면 도형의 크기가 조절됩니다.
- 도형이 선택된 상태에서 회전 핸들에 마우스 포인터를 올려놓으면 ↻ 모양으로 변경됩니다. 이때, 마우스를 원하는 방향으로 드래그하면 도형의 방향(각도)이 조절됩니다.
- 도형이 선택된 상태에서 모양 조절 핸들에 마우스 포인터를 올려놓으면 ▷ 모양으로 변경됩니다. 이때, 마우스를 원하는 방향으로 드래그하면 도형의 모양이 변경됩니다.

6 이번에는 [도형🗄] 단추를 클릭하고, **사각형**에 있는 [**양쪽 모서리가 둥근 사각형** □]을 이용하여 슬라이드의 해당 위치에 삽입한 후 동일한 방법으로 **모양을 둥글게 변형**합니다.

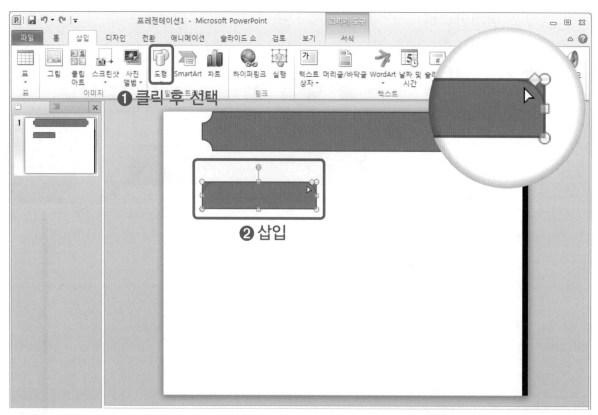

7 다시 [도형圖] 단추를 클릭하고, 사각형에 있는 [직사각형□]을 이용하여 '양쪽 모서리가 둥근 사각형' 아래에 적당한 크기로 삽입합니다.

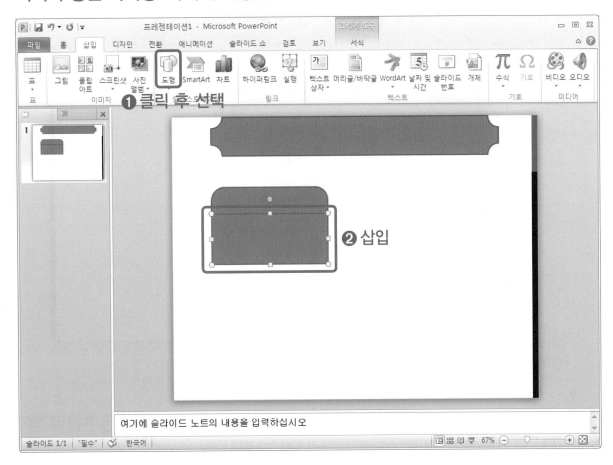

 도형 작성 방법

- Shift +드래그 : 정사각형/정원과 같이 가로와 세로 비율이 동일한 상태로 그려집니다.
- Ctrl +드래그 : 시작점의 위치가 도형의 중심점을 기준으로 상하좌우로 그려집니다.

화려한 도형 서식 꾸미기

파워포인트에서 표현할 수 있는 도형의 작업 범위는 한없이 무궁무진합니다. 이러한 도형에 그래픽적인 요소(도형 서식)를 적용한다면 보다 화려한 프레젠테이션을 만들 수 있습니다.

도형에 텍스트 입력하기

1 제목 도형에 주어진 내용을 입력한 후 [홈] 탭의 [글꼴] 그룹에서 글꼴은 'HY견고딕', 글꼴 크기는 '44', 글꼴 스타일은 '텍스트 그림자'를 설정합니다.

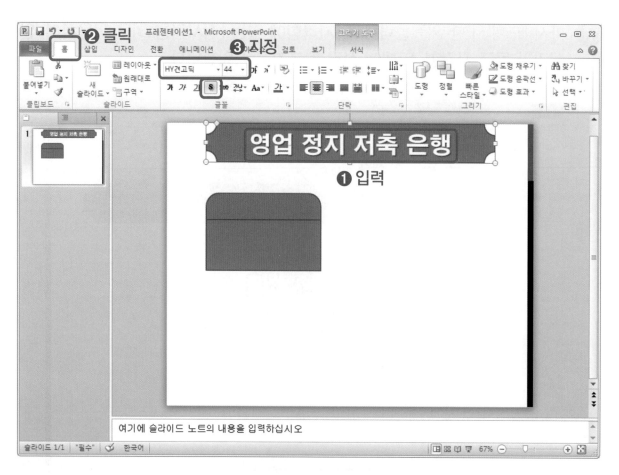

2 부제목 도형에 주어진 내용을 입력한 후 [글꼴] 그룹에서 글꼴은 'HY목각파임B', 글꼴 크기는 '32', 글꼴 스타일은 '텍스트 그림자'를 설정합니다.

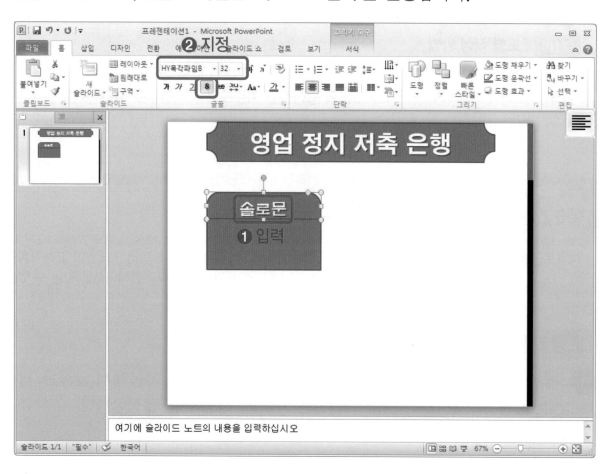

❸ 직사각형에 주어진 내용을 입력한 후 [글꼴] 그룹에서 글꼴은 '맑은 고딕', 글꼴 크기는 '20', 글꼴 색은 '진한 파랑'을 설정하고, [단락] 그룹에서 [텍스트 왼쪽 맞춤▤] 단추를 클릭합니다.

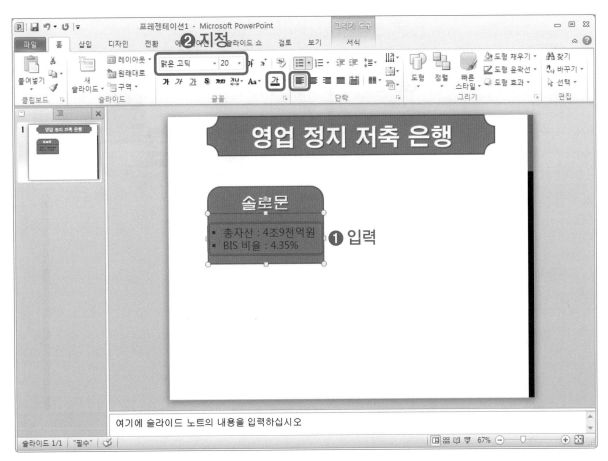

 TIP 내용 입력 시 글머리 기호는 [홈] 탭의 [단락] 그룹에서 [글머리 기호 목록] 단추를 클릭하고, '속이 찬 정사각형 글머리 기호'를 선택합니다.

도형 스타일 지정하기

④ 제목 도형을 선택한 후 [그리기 도구]–[서식] 탭의 [도형 스타일] 그룹에서 [도형 채우기 ⬛도형 채우기 ▾] 단추를 클릭하고, '진한 빨강'을 선택합니다.

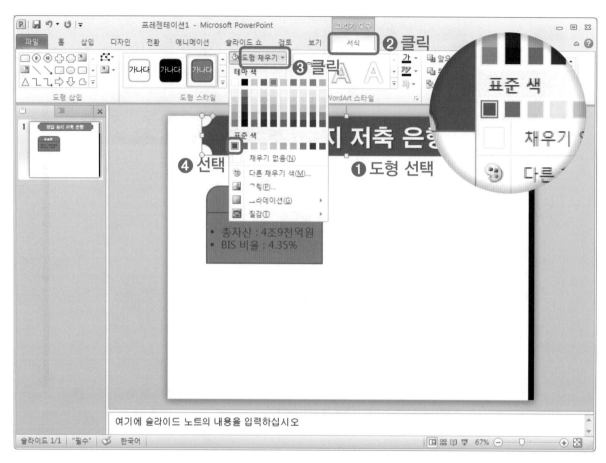

⑤ 계속해서 [도형 윤곽선 ⬛도형 윤곽선 ▾] 단추를 클릭하고, [윤곽선 없음]을 선택합니다.

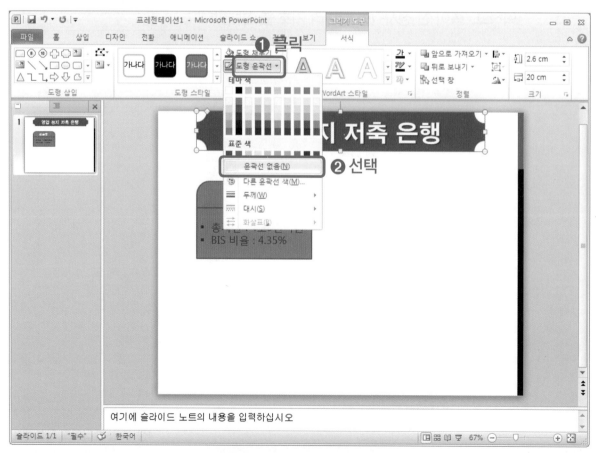

6 계속해서 [도형 효과 ◯ 도형 효과 ▾] 단추를 클릭하고, [반사]-[반사 변형]-[근접 반사, 4pt 오프셋]을 선택합니다.

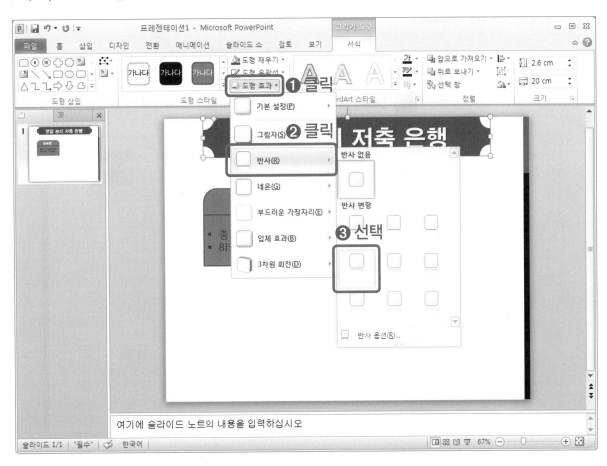

7 양쪽 모서리가 둥근 사각형을 선택한 후 도형 채우기는 '파랑', 도형 윤곽선은 '윤곽선 없음'을 각각 선택합니다.

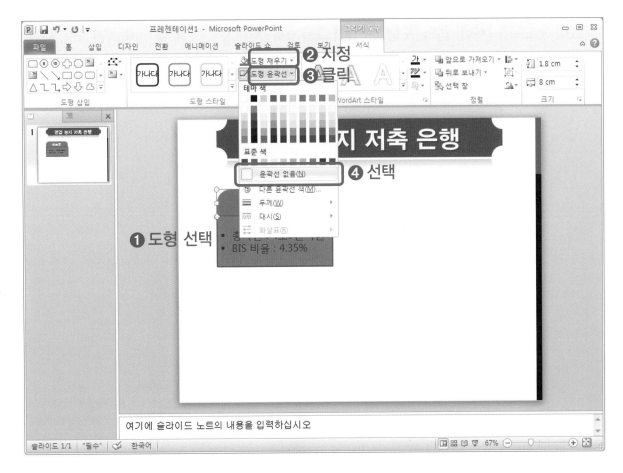

8 직사각형을 선택한 후 도형 채우기는 '청회색, 강조 3, 60% 더 밝게', 도형 윤곽 선은 '윤곽선 없음', 도형 효과는 [그림자]-[원근감]-[원근감 대각선 오른쪽 위]를 각각 선택합니다.

실력 쑥쑥 **TIP** **빠른 도형 스타일**

[그리기 도구]-[서식] 탭의 [도형 스타일] 그룹에서 [자세히 ⏷] 단추를 클릭하면 도형 또는 선의 다양한 표시 스타일을 빠르게 지정할 수 있습니다. 또한, [다른 테마 채우기]를 선택하면 그라데이션이 추가된 12개의 다른 테마를 선택할 수도 있습니다.

도형 개체 다양하게 활용하기

슬라이드에 여러 개의 도형을 작성하였을 경우 하나의 개체처럼 그룹화할 수 있는데, 이는 여러 도형을 복사하거나 정렬할 때 효율적입니다.

도형 그룹화하기

1 두 개의 도형을 동시에 선택한 후 [그리기 도구]–[서식] 탭의 [정렬] 그룹에서 [그룹 단추를 클릭하고, [그룹]을 선택합니다.

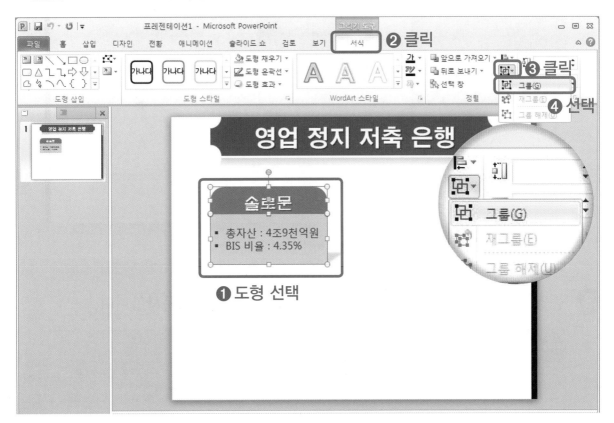

❶ 도형 선택

 TIP

여러 개의 도형을 동시에 선택하려면 마우스로 해당 도형이 포함되도록 드래그하여 선택하거나 Ctrl 키를 누른 상태에서 여러 도형을 선택합니다.

실력 쑥쑥 TIP **도형 그룹**

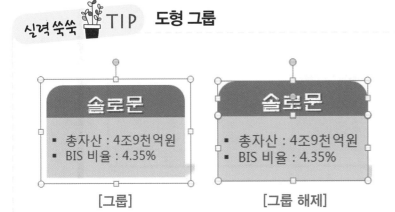

[그룹]   [그룹 해제]

- 그룹 : 여러 개의 도형(개체)을 하나로 그룹화합니다.
- 그룹 해제 : 그룹화된 도형을 각각의 도형(개체)으로 해제합니다.
- 재그룹 : 그룹 해제되었던 도형들을 다시 하나로 그룹화합니다.

도형 복사하기

2 그룹화된 도형을 **Ctrl** + **Shift** 키를 누른 상태에서 오른쪽으로 드래그하여 복사합니다.

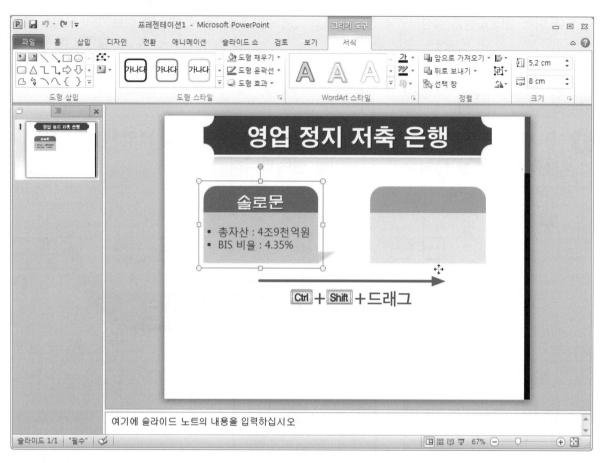

3 동일한 방법으로 그룹화된 도형을 **아래쪽으로 2개 더 복사**합니다.

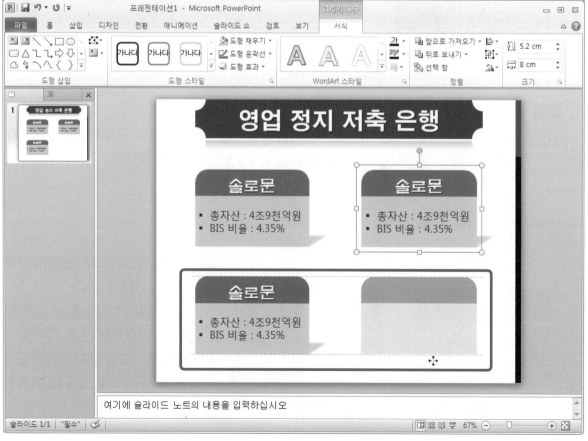

도형 정렬하기

④ 슬라이드 상단의 그룹화된 도형을 선택한 후 [그리기 도구]-[서식] 탭의 [정렬] 그 룹에서 [맞춤] 단추를 클릭하고, [가로 간격을 동일하게]를 선택합니다.

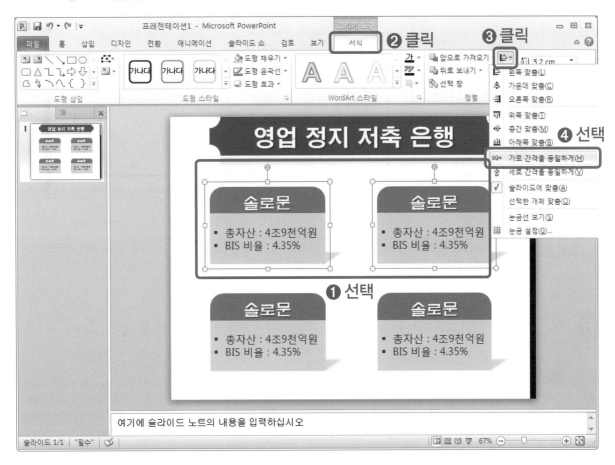

5 마찬가지로 슬라이드 하단의 그룹화된 도형을 선택한 후 [맞춤 📭▾] 단추를 클릭하고, [가로 간격을 동일하게]를 선택합니다.

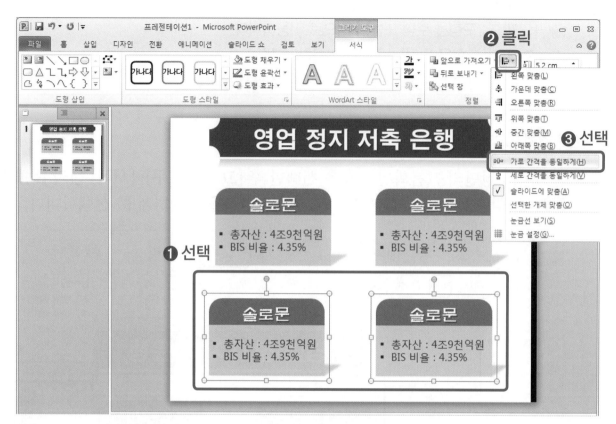

 TIP 가로/세로 간격을 동일하게 : 슬라이드에서 선택한 여러 도형들의 가로/세로 간격을 동일하게 맞춥니다.

6 모든 작업이 완료되면 본문 도형에 다음과 같이 텍스트 내용을 각각 수정합니다.

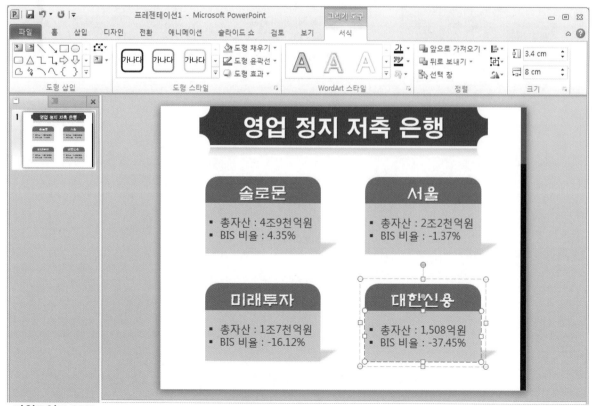

1 '빈 화면' 레이아웃에 '요소' 테마를 적용한 후 다음과 같은 도형들을 삽입해 보세요.

> *Hint!* [삽입] 탭의 [일러스트레이션] 그룹에서 [도형] 단추를 클릭하고, 사각형의 '대각선 방향의 모서리가 잘린 사각형'과 블록 화살표의 '오각형', '갈매기형 수장', '톱니 모양의 오른쪽 화살표'를 이용하여 순서대로 삽입합니다.

2 제목 도형을 모양 조절 핸들을 이용하여 다음과 같이 모양을 변형해 보세요.

> *Hint!* 제목 도형을 선택한 후 노란색 모양 조절 핸들을 도형 안쪽으로 드래그하여 모양을 변경합니다.

3 슬라이드 도형의 도형 스타일을 다음과 같이 각각 적용해 보세요.
  – 제목 도형 : 도형 채우기(연한 파랑, 텍스트 2), 도형 윤곽선(윤곽선 없음), 도형 효과(기본 설정
    – 기본 설정 2, 반사 – 근접 반사, 터치)
  – 본문 도형 : 도형 채우기(연한 파랑/흰색, 텍스트 1/회색 – 50%, 강조 6), 도형 윤곽선(윤곽선
    없음), 도형 효과(입체 효과 – 부드럽게 둥글리기)

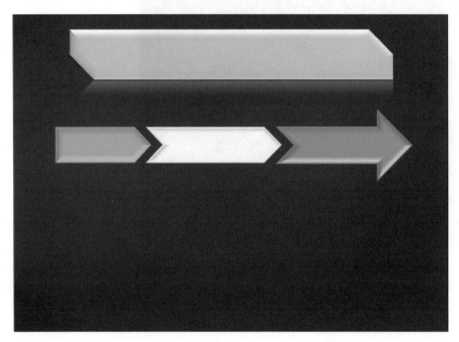

Hint! 도형을 선택한 후 [그리기 도구]–[서식] 탭의 [도형 스타일] 그룹에서 [도형 채우기]/[도형 윤곽선]/[도형 효과] 단추를 클릭하여 각각 지정합니다.

4 도형에 주어진 글꼴 서식을 각각 지정한 후 본문 도형들을 하나로 그룹화 해 보세요.
  – 제목 도형 : 글꼴(HY동녘B), 글꼴 크기(40), 글꼴 스타일(텍스트 그림자)
  – 본문 도형 : 글꼴(휴먼엑스포), 글꼴 크기(24), 글꼴 스타일(텍스트 그림자)

Hint! 세 개의 본문 도형을 동시에 선택한 후 [그리기 도구]–[서식] 탭의 [정렬] 그룹에서 [그룹] 단추를 클릭하고, [그룹]을 선택합니다.

5 본문 도형을 복사하여 세로 간격을 동일하게 맞추고, 텍스트 내용을 수정해 보세요.

Hint! 본문 도형을 Ctrl + Shift 키를 누른 상태에서 아래쪽으로 복사한 후 [그리기 도구]−[서식] 탭의 [정렬] 그룹에서 [맞춤] 단추를 클릭하고, [세로 간격을 동일하게]를 선택합니다.

6 가로 텍스트 상자를 이용하여 슬라이드의 해당 위치에 주어진 내용을 입력해 보세요.
   − 글꼴 서식 : 글꼴(HY수평선B), 글꼴 크기(24), 글꼴 색(노랑)

Hint! [삽입] 탭의 [텍스트] 그룹에서 [텍스트 상자] 단추를 클릭하고, [가로 텍스트 상자]를 선택하여 주어진 내용을 입력합니다.

05 장 화려한 그래픽 슬라이드 작성하

파워포인트에서 제공하는 다양한 그래픽 개체는 슬라이드를 다이나믹하고, 세련되게 나타낼 수 있습니다. 그 중에서도 워드 아트, 클립 아트, 그림 등을 슬라이드에 삽입할 경우 여러 사람들의 관심을 집중시키고, 시각적인 요소를 한층 강조할 수 있으므로 이들 그래픽 개체 기능에 대하여 꼼꼼히 살펴보도록 하겠습니다.

완성파일 미리보기

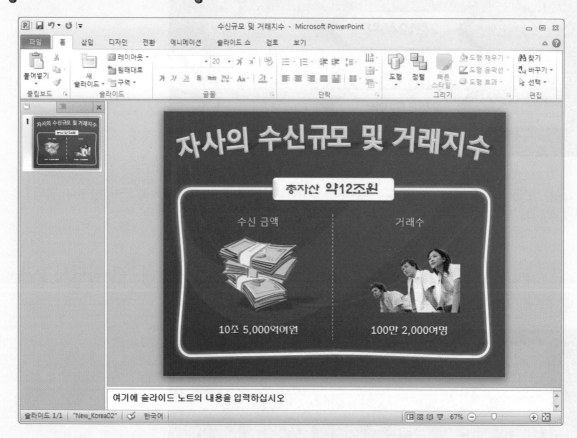

체크포인트

실습1 슬라이드에서 도형의 모양을 변형할 때 점 편집 기능을 이용하는 방법에 대하여 알아봅니다.

실습2 슬라이드에 WordArt를 삽입하고, 스타일과 모양을 조절하는 방법에 대하여 알아봅니다.

실습3 슬라이드에 클립 아트를 삽입하고, 다양하게 편집하는 방법에 대하여 알아봅니다.

실습4 슬라이드에 그림을 삽입하고, 다양하게 편집하는 방법에 대하여 알아봅니다.

실습 1

도형 편집 응용하기

도형을 편집하는 방법에는 여러 가지가 있지만 일반적으로 도형 스타일을 지정하거나 도형의 모양을 자유롭게 변형할 수 있습니다. 특히, 점 편집 기능은 하나의 도형을 독립적으로 편집할 수 있는 유용한 기능입니다.

도형 모양 변형하기

1 슬라이드 레이아웃을 '빈 화면'으로 변경한 후 [디자인] 탭의 [테마] 그룹에서 [자세히 ▼] 단추를 클릭하고, Office.com에 있는 '발전 테마'를 선택합니다.

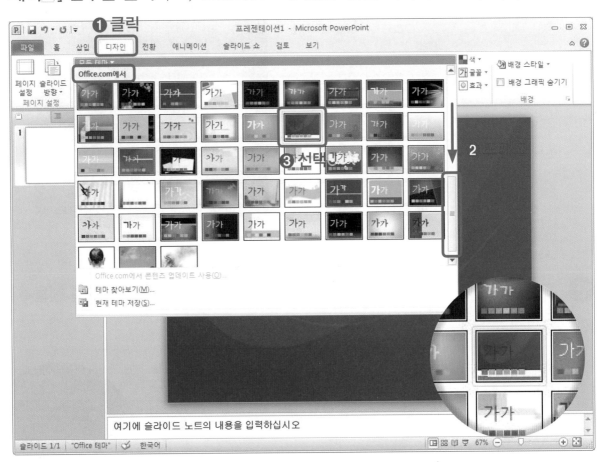

❷ [삽입] 탭의 [일러스트레이션] 그룹에서 [도형📋] 단추를 클릭하고, 사각형에 있는
[모서리가 둥근 직사각형□]을 선택합니다.

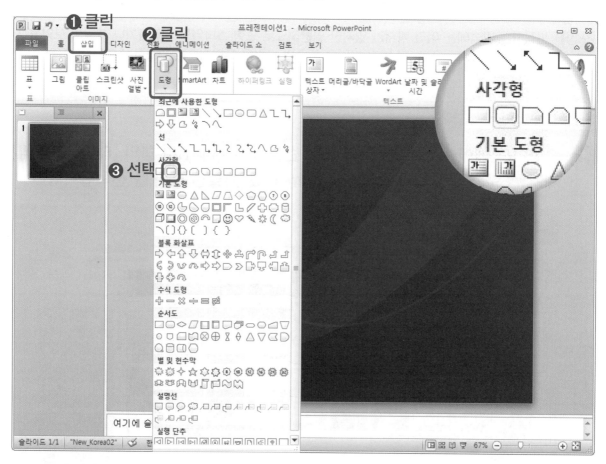

❸ 모서리가 둥근 직사각형을 슬라이드에 삽입한 후 [노란색 모양 조절 핸들◇]을 이
용하여 모양을 변형합니다.

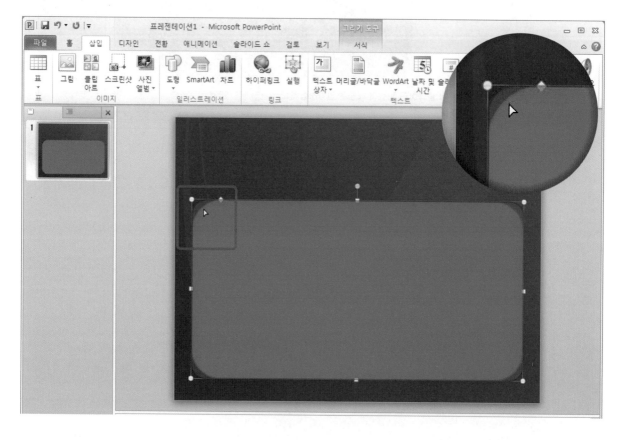

점 편집 기능 사용하기

4 [그리기 도구]–[서식] 탭의 [도형 삽입] 그룹에서 [도형 편집 📷•] 단추를 클릭하고, [점 편집]을 선택합니다.

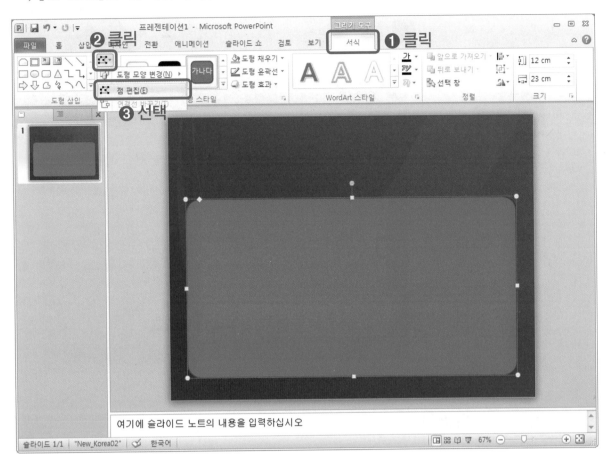

 TIP 점 편집 기능은 도형의 각 조정점을 이용하여 원하는 모양을 독립적으로 편집할 수 있는 기능입니다.

⑤ 도형에 조정점이 나타나면 핸들러 조정점을 이용하여 왼쪽, 오른쪽, 아래쪽의 중심을 다음과 같이 변형합니다.

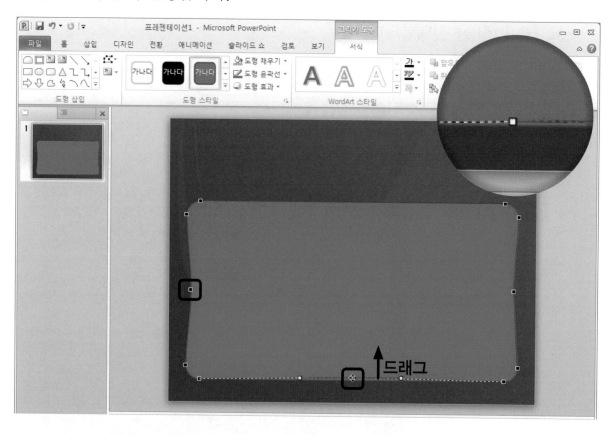

도형 스타일 지정하기

⑥ 도형이 선택된 상태에서 [그리기 도구]–[서식] 탭의 [도형 스타일] 그룹에서 도형 채우기는 '채우기 없음', 도형 윤곽선은 '흰색'과 [두께]–[6pt]를 각각 선택합니다.

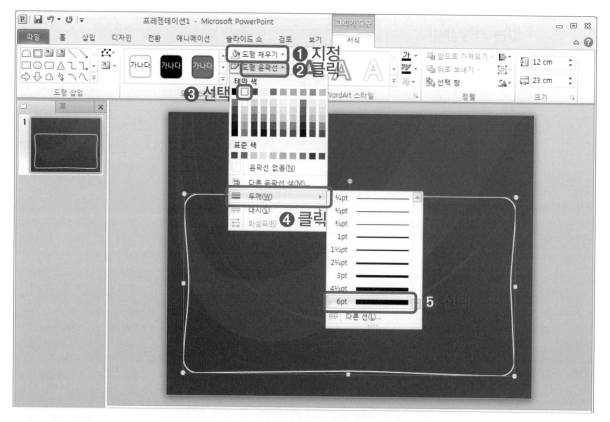

⑦ 계속해서 [도형 스타일] 그룹에서 [도형 효과 🌑 도형 효과 ▾] 단추를 클릭하고, [네온]–[네온 변형]–[옥색, 11 pt 네온, 강조색 3]을 선택합니다.

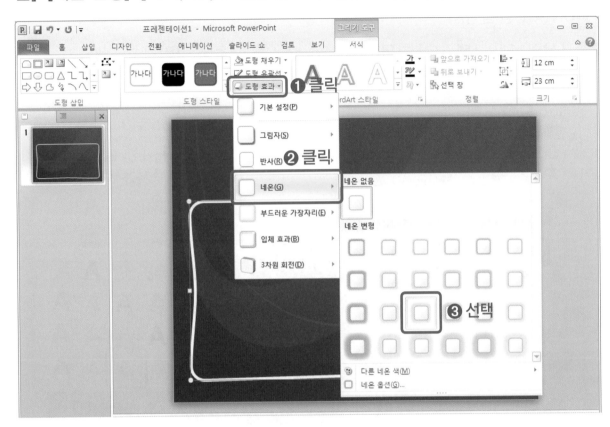

⑧ 다시 모서리가 둥근 직사각형을 삽입한 후 도형 채우기는 '흰색', 도형 윤곽선은 '윤곽선 없음', 도형 효과는 [기본 설정]–[미리 설정]–[기본 설정 2]를 각각 선택합니다.

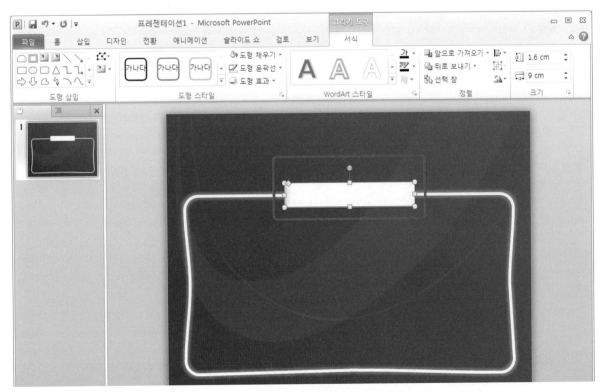

WordArt로 텍스트 장식하기

WordArt는 미리 지정된 텍스트 효과를 이용하여 문자열을 디자인하는 기능으로, 슬라이드에서 강조가 필요한 제목이나 중요한 텍스트 내용을 작성할 때 유용합니다.

WordArt 삽입하기

① [삽입] 탭의 [텍스트] 그룹에서 [WordArt 🎨] 단추를 클릭하고, '채우기 – 주황, 강조 2, 무광택 입체'를 선택합니다.

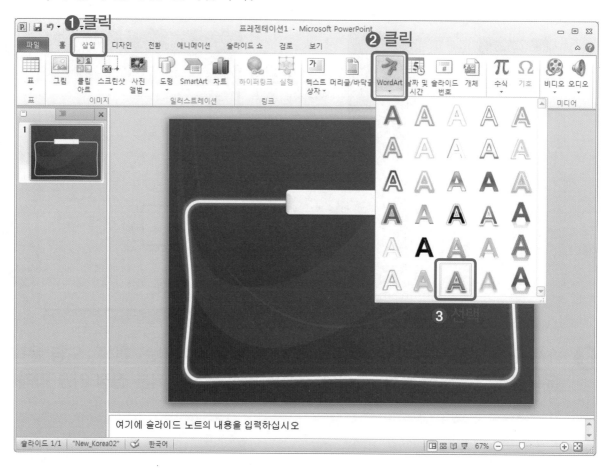

② 슬라이드에 선택한 WordArt가 나타나면 주어진 내용을 입력합니다.

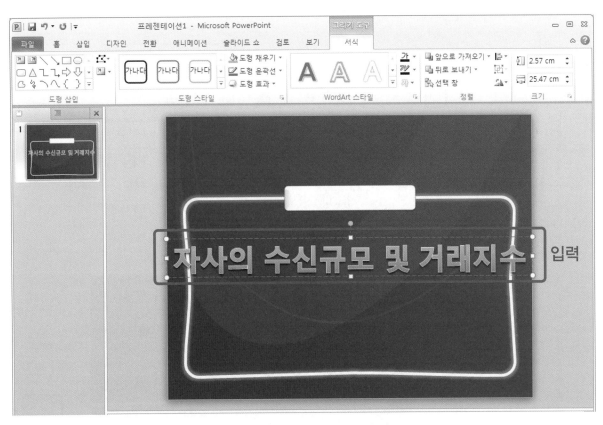

WordArt 스타일 지정하기

③ WordArt가 선택된 상태에서 [그리기 도구]-[서식] 탭의 [WordArt 스타일] 그룹에서 [텍스트 채우기 ⚏ ▾] 단추를 클릭하고, '노랑'을 선택합니다.

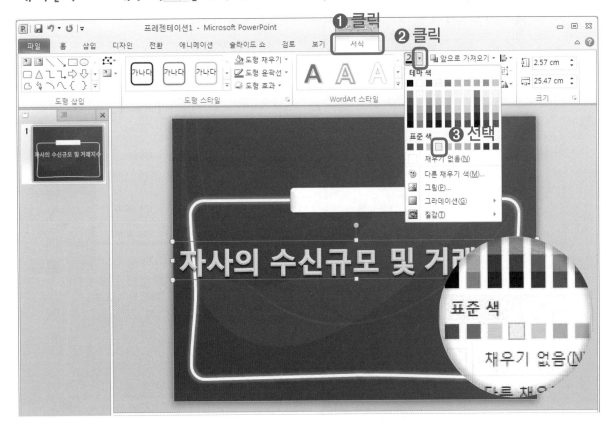

④ 계속해서 [텍스트 효과 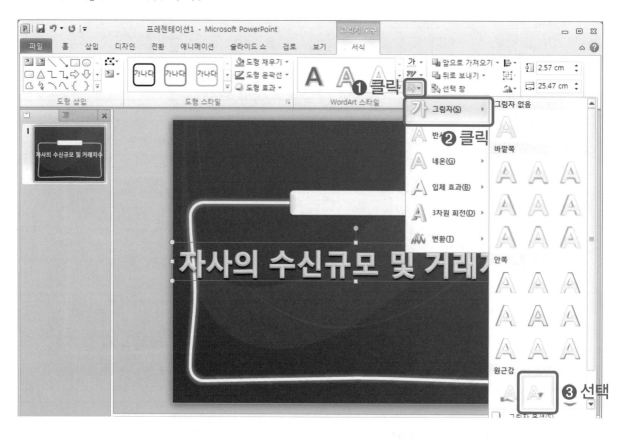] 단추를 클릭하고, [그림자]–[원근감]–[원근감 대각선 오른쪽 위]를 선택합니다.

WordArt 모양 변경하기

⑤ [그리기 도구]–[서식] 탭의 [WordArt 스타일] 그룹에서 [텍스트 효과 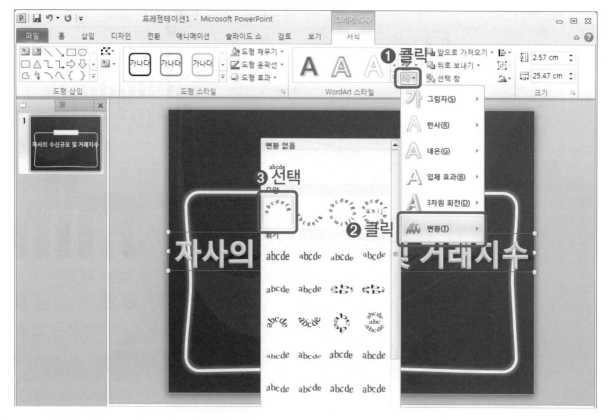] 단추를 클릭하고, [변환]–[모양]–[위쪽 원호]를 선택합니다.

텍스트 효과는 WordArt 스타일 중에서 가장 화려한 효과를 지정할 수 있으며, 슬라이드를 보다 시각적으로 표현할 수 있습니다.

6 WordArt를 슬라이드 상단으로 이동한 후 크기 조절 핸들을 이용하여 가로 크기를 줄입니다.

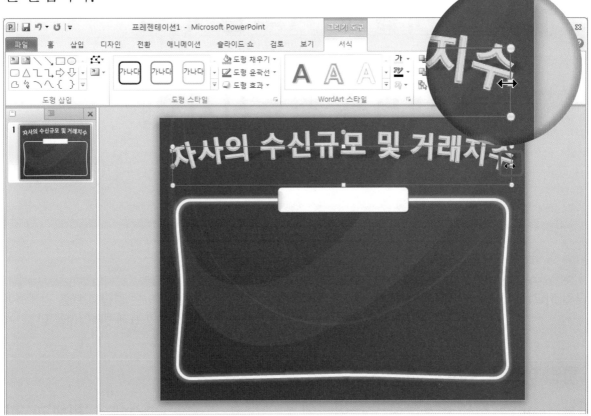

7 [분홍색 모양 조절 핸들◆]을 이용하여 WordArt의 모양을 다음과 같이 변형합니다.

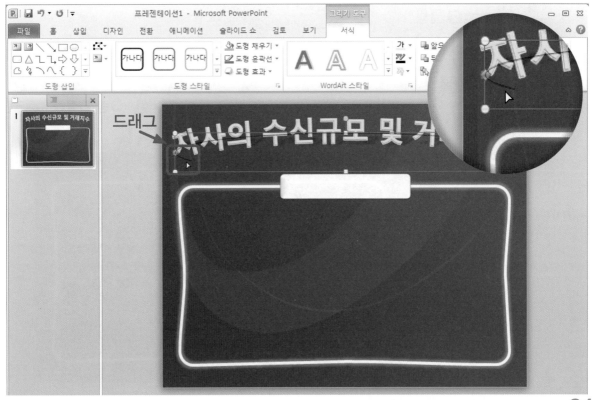

WordArt에 나타난 모양 조절 핸들은 분홍색으로 표시되며, 이를 마우스로 드래그하면 현재 선택한 WordArt의 모양을 쉽게 변경할 수 있습니다.

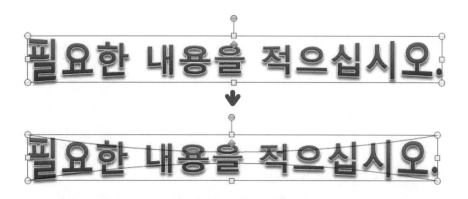

실습3 클립 아트로 슬라이드 꾸미기

클립 아트는 가장 기본적인 멀티미디어 요소로 슬라이드의 작성 내용과 관련 있는 클립 아트를 검색하여 삽입하면 보다 효율적이고, 사실적인 프레젠테이션을 만들 수 있습니다.

클립 아트 삽입하기

1 도형 중 선을 이용하여 슬라이드에 삽입하고, 도형 윤곽선에서 **'흰색'**과 **'파선'**을 지정한 후 [삽입] 탭의 [이미지] 그룹에서 [클립 아트🔳] 단추를 클릭합니다.

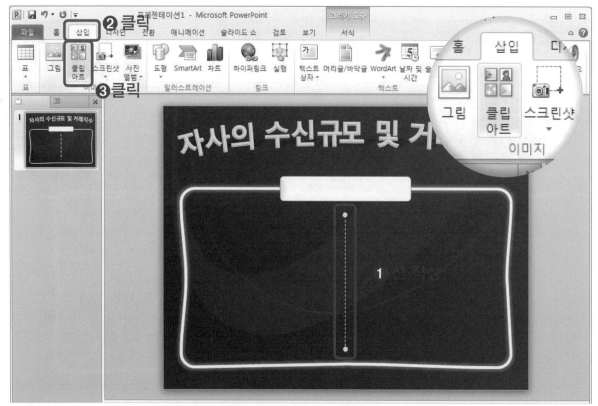

2 클립 아트 작업창의 검색 대상에 "지폐"를 입력하고, [이동 이동] 단추를 클릭한 후 원하는 클립 아트를 선택합니다.

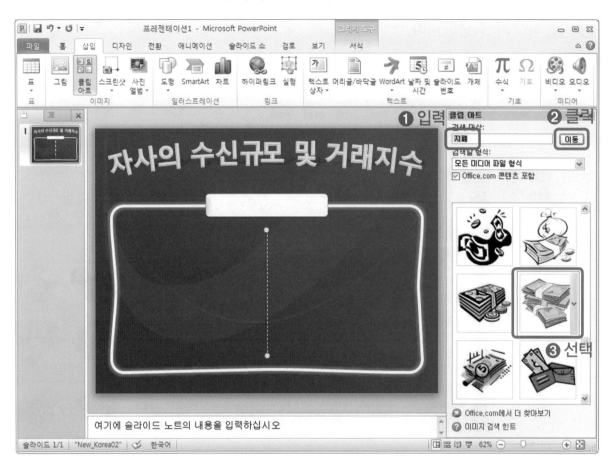

 클립 아트 작업창의 검색 대상에 원하는 내용을 입력하고, [이동] 단추를 클릭하면 해당 내용과 관련된 클립 아트가 검색됩니다.

클립 아트 크기 조절하기

3 클립 아트가 삽입되면 해당 위치로 이동한 후 크기 조절 핸들을 드래그하여 크기를 적당히 조절합니다.

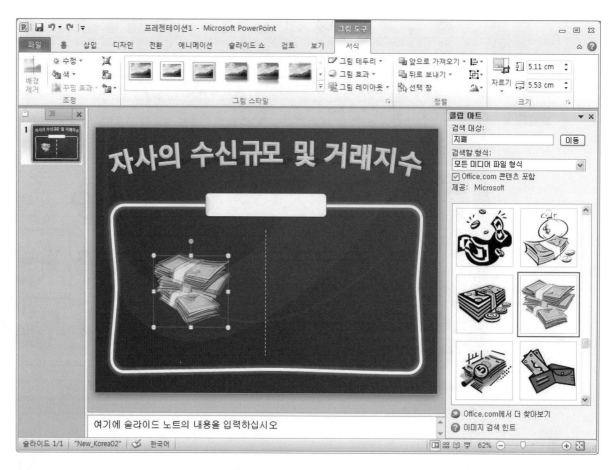

 TIP 클립 아트를 선택하고 테두리 부분에서 마우스 포인터가 ✛ 모양으로 변경되면 마우스를 드래그하여 클립 아트를 이동시킬 수 있습니다.

4 클립 아트 작업창의 오른쪽 상단 부분에서 [닫기 ✕] 단추를 클릭합니다.

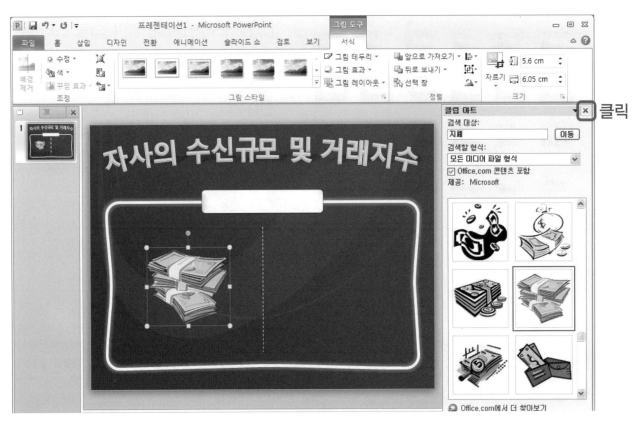

클립 아트 편집하기

5 클립 아트를 선택한 후 [그림 도구]–[서식] 탭의 [그림 스타일] 그룹에서 [그림 효과 🔵 그림 효과 ▾] 단추를 클릭하고, [그림자]–[원근감]–[원근감 대각선 오른쪽 위]를 선택합니다.

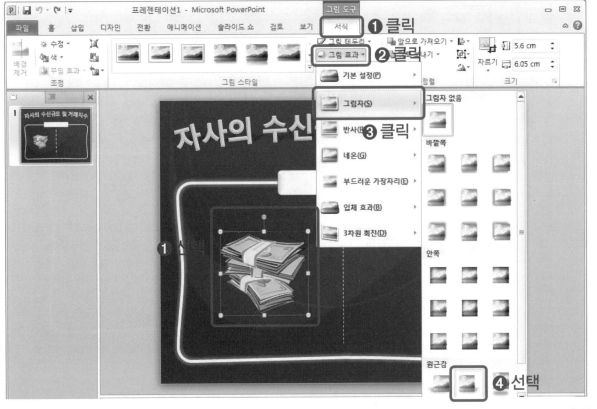

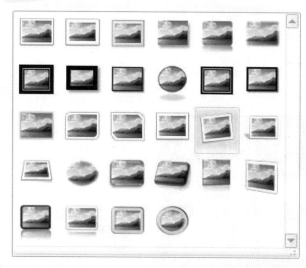

[그림 도구]-[서식] 탭의 [그림 스타일] 그룹에서 [자세히 ⊡] 단추를 클릭하면 그림에 다양한 효과가 적용된 스타일을 한 번에 지정할 수 있습니다.

실습4 그림으로 비주얼한 슬라이드 만들기

그림은 프레젠테이션 작업에 있어 클립 아트만큼 많이 사용되는 멀티미디어 요소로, 슬라이드에 그림을 삽입할 경우 청중에게 생동감과 현실감을 강조할 수 있습니다.

그림 삽입하기

1 [삽입] 탭의 [이미지] 그룹에서 [그림] 단추를 클릭합니다.

② [그림 삽입] 대화상자에서 찾는 위치(C:₩성안당₩파포2010₩5장)와 파일 이름
(사람.jpg)을 선택하고, [삽입] 단추를 클릭합니다.

그림 크기와 위치 조절하기

③ 그림이 삽입되면 크기 조절 핸들을 드래그하여 그림의 크기를 다음과 같이 적당
히 조절합니다.

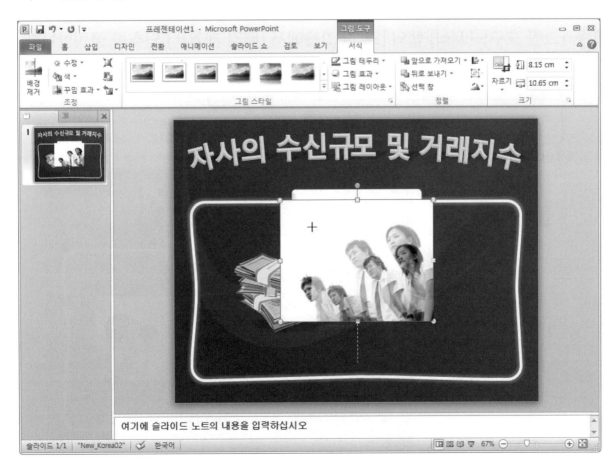

④ 그림 위에서 **마우스 포인터가** ✣ 모양으로 변경되면 마우스를 드래그하여 오른쪽 중앙으로 이동합니다.

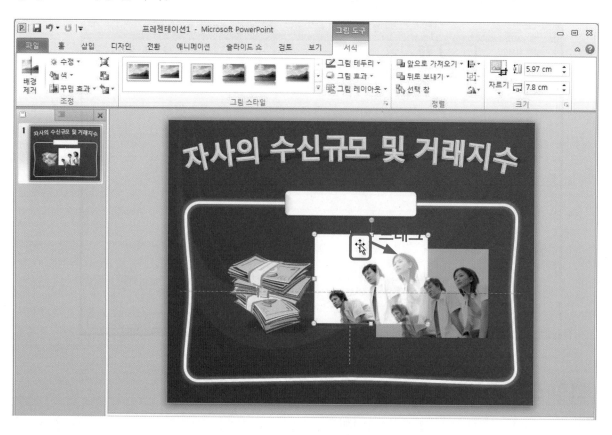

그림 편집하기

⑤ [그림 도구]–[서식] 탭의 [조정] 그룹에서 [배경 제거 ▦] 단추를 클릭합니다.

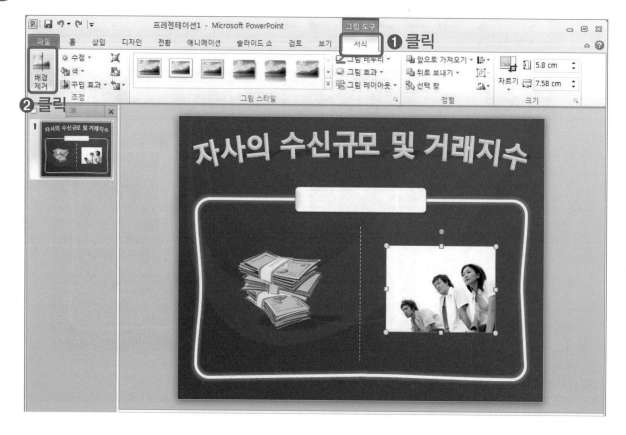

6 조절점 영역 안에 사람을 포함시킨 후 [배경 제거] 탭의 [고급 검색] 그룹에서 [보관할 영역 표시] 단추를 클릭합니다.

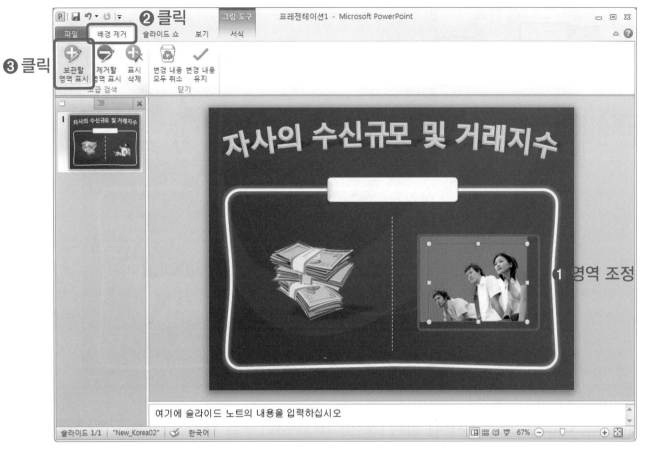

• 보관할 영역 표시 : 그림에서 유지할 부분을 표시하는 선을 그립니다.

• 제거할 영역 표시 : 그림에서 제거할 부분을 표시하는 선을 그립니다.

• 표시 삭제 : 그린 선을 삭제하여 유지하거나 제거할 영역을 변경합니다.

7 마우스 포인터가 ✎ 모양으로 변경되면 세부적으로 추가할 영역을 지정하고, [배경 제거] 탭의 [닫기] 그룹에서 [변경 내용 유지✓] 단추를 클릭합니다.

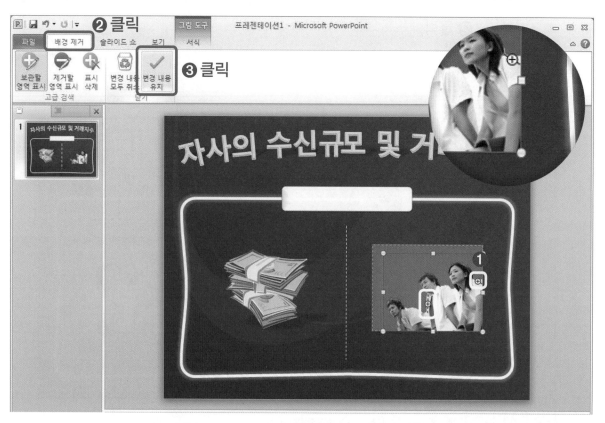

8 다시 [그림 도구]-[서식] 탭의 [조정] 그룹에서 [꾸밈 효과▦꾸밈 효과▾] 단추를 클릭하고, '질감 표현'을 선택합니다.

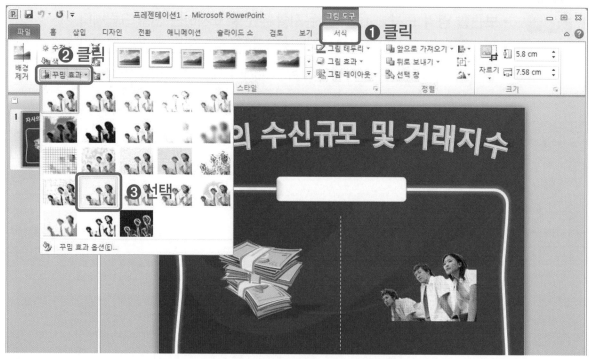

TIP

- [그림 압축▣] : 문서에서 그림을 축소하여 크기를 줄입니다.
- [그림 바꾸기▣] : 현재 그림의 서식과 크기를 유지하면서 다른 그림으로 변경합니다.
- [그림 원래대로▣▾] : 해당 그림에 대해 변경한 서식을 모두 무시하고, 원래대로 복구합니다.

텍스트 입력과 서식 지정하기

⑨ 모서리가 둥근 직사각형에 주어진 내용을 입력한 후 [홈] 탭의 [글꼴] 그룹에서 글꼴은 '휴먼옛체', 글꼴 크기는 '24', '28', 글꼴 색은 '진한 빨강'을 지정합니다.

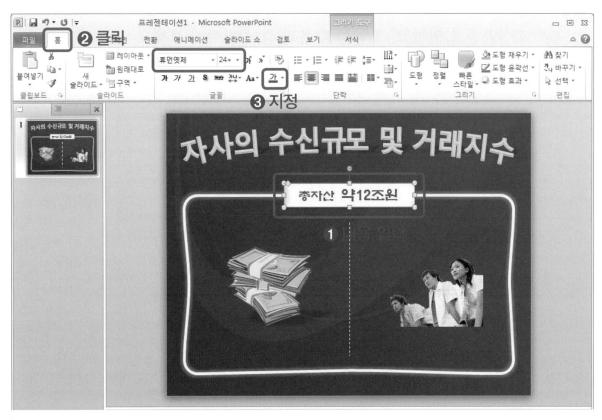

⑩ 가로 텍스트 상자를 이용하여 해당 위치에 주어진 내용을 입력한 후 [홈] 탭의 [글꼴] 그룹에서 글꼴은 '맑은 고딕', 'HY동녘M', 글꼴 크기는 '20', 글꼴 스타일은 '텍스트 그림자'를 각각 지정합니다.

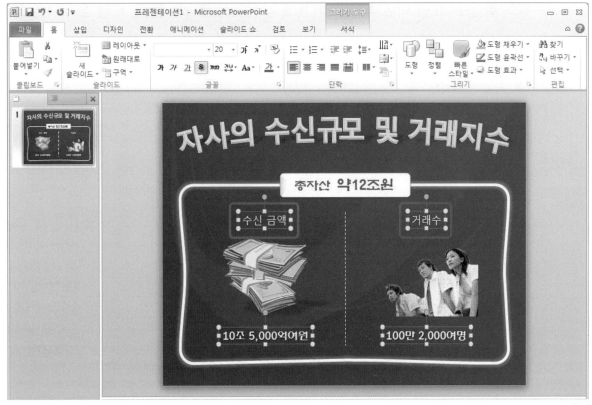

1 '빈 화면' 레이아웃에 '카니발 테마'를 적용한 후 타원, 모서리가 둥근 직사각형, 위쪽 화살표를 삽입하고, 모양을 다음과 같이 변형해 보세요.

Hint! • 모 서 리 가 둥근 직사각형은 점 편집 기능을 이용하여 모양을 변형합니다.
• 위쪽 화살표는 모양 조절 핸들을 이용하여 모양을 변형합니다.

2 세 가지 도형의 도형 스타일을 다음과 같이 각각 적용해 보세요.
 – 타원/모서리가 둥근 직사각형 : 도형 채우기(남색, 강조 6), 도형 윤곽선(윤곽선 없음), 도형 효과(기본 설정 2/그림자 – 오프셋 대각선 오른쪽 아래)
 – 위쪽 화살표 : 도형 채우기(진한 빨강), 도형 윤곽선(윤곽선 없음), 도형 효과(기본 설정 4)

Hint! [그리기 도구]–[서식] 탭의 [도형 스타일] 그룹에서 [도형 채우기], [도형 윤곽선], [도형 효과] 단추를 클릭하여 각각 지정합니다.

3 다음과 같이 WordArt를 삽입한 후 편집해 보세요.
 – WordArt 종류 : 채우기 – 빨강, 강조 3, 윤곽선 – 텍스트 2
 – 텍스트 효과 : [변환]–[휘기]–[갈매기형 수장]

Hint! WordArt와 텍스트 효과를 지정한 후 분홍색 모양 조절 핸들을 이용하여 WordArt 모양을 변형합니다.

4 다음과 같이 클립 아트를 삽입한 후 편집해 보세요.
 – 검색 대상 : 안과
 – 그림 효과 : [반사]–[반사 변형]–[근접 반사, 터치]

Hint! 해당 클립 아트를 삽입한 후 그림 효과를 지정하고, 크기 조절 핸들을 이용하여 크기를 적당히 조절합니다.

5 다음과 같이 그림(C:₩성안당₩파포2010₩5장₩약.jpg)을 삽입한 후 편집해 보세요.

Hint! •[그림 삽입] 대화상자에서 '약.jpg' 파일을 삽입한 후 크기와 위치를 조절합니다.
•[배경 제거] 단추를 이용하여 그림의 배경색 부분을 투명하게 변경합니다.
•[꾸밈 효과] 단추를 이용하여 '파스텔 부드럽게'로 지정합니다.

6 가로 텍스트 상자를 이용하여 주어진 내용을 입력하고, 글꼴 서식을 각각 지정해 보세요.

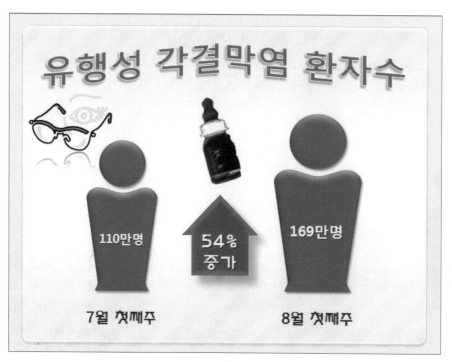

Hint! • 모서리가 둥근 직사각형에는 '맑은 고딕', '20', '24', '굵게', '텍스트 그림자'를 지정하고, 위쪽 화살표에는 'HY목각파임B', '28', '텍스트 그림자'를 각각 지정합니다.
• 가로 텍스트 상자에는 'HY동녘M', '24', '진한 파랑'을 지정합니다.

SmartArt 그래픽 활용하기

SmartArt 그래픽은 서식 설정에 많은 시간과 노력을 기울이지 않고도 효율적인 프레젠테이션을 제작할 수 있으며, 미리 정의된 갤러리에서 레이아웃, 서식 등을 빠르게 선택할 수 있습니다. 이번 장에서는 SmartArt 그래픽의 뛰어난 기능과 효과에 대하여 살펴보도록 하겠습니다.

완성파일 미·리·보·기

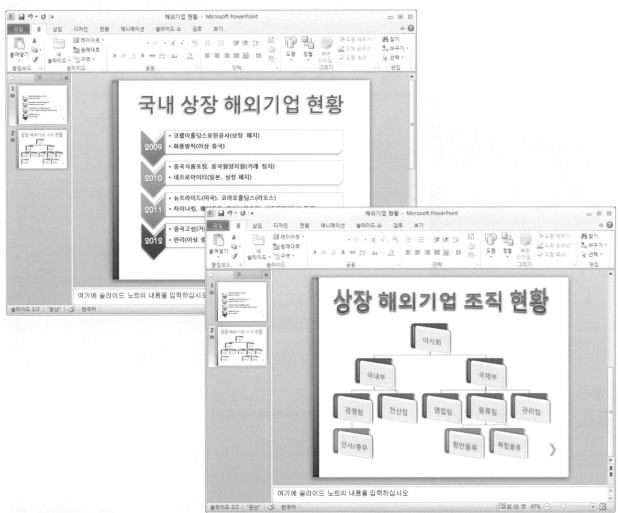

체크포인트

실습 1 SmartArt 그래픽을 삽입한 후 도형을 추가하고, 텍스트 내용을 입력하는 방법에 대하여 알아봅니다.

실습 2 SmartArt 그래픽을 다양하게 편집하는 방법에 대하여 알아봅니다.

실습 3 조직도형을 삽입한 후 다양한 방법으로 도형을 추가하고, 편집하는 방법에 대하여 알아봅니다.

SmartArt 그래픽 만들기

SmartArt 그래픽은 파워포인트에서 표현하기 어려운 시각적이고, 고차원적인 정보를 간단한 방법으로 해결할 수 있는 3D 전문 기술입니다.

SmartArt 그래픽 삽입하기

1 '빈 화면' 레이아웃에 '온난' 테마를 적용한 후 임의의 WordArt를 이용하여 다음 과 같이 제목을 입력합니다.

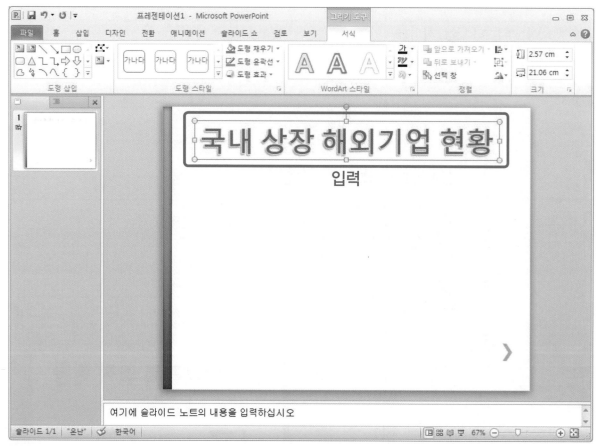

 TIP [삽입] 탭의 [텍스트] 그룹에서 [WordArt] 단추를 클릭하고, [채우기 – 자주, 강조 3, 윤 곽선 – 텍스트 2 A]를 선택합니다.

❷ [삽입] 탭의 [일러스트레이션] 그룹에서 [SmartArt▧] 단추를 클릭합니다.

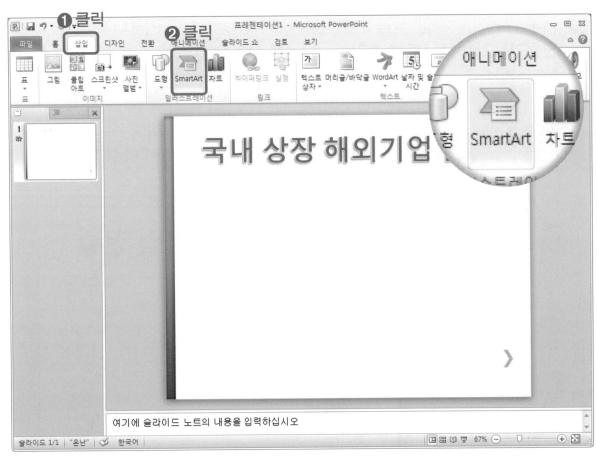

❸ [SmartArt 그래픽 선택] 대화상자에서 '목록형'에 있는 '세로 갈매기형 수장 목록형'을 선택하고, [확인] 단추를 클릭합니다.

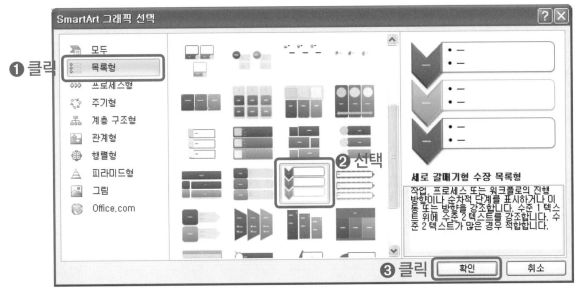

 SmartArt 그래픽의 범위는 그래픽 목록과 프로세스 다이어그램에서부터 벤다이어그램이나 조직도 같은 복잡한 그래픽까지 다양합니다.

도형 추가와 텍스트 입력하기

4 세로 갈매기형 수장 목록형이 삽입되면 [SmartArt 도구]–[디자인] 탭의 [그래픽 만들기] 그룹에서 [도형 추가 ▼] 단추를 클릭하고, [뒤에 도형 추가]를 선택합니다.

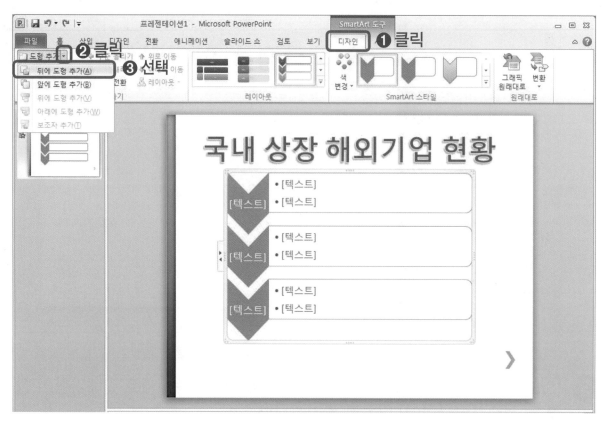

5 도형이 추가되면 세로 갈매기형 수장 목록형이 선택된 상태에서 크기 조절 핸들을 이용하여 가로와 세로 크기를 적당히 조절합니다.

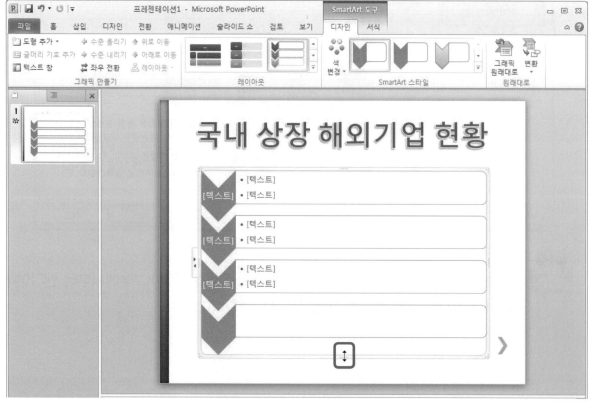

6 세로 갈매기형 수장 목록형의 텍스트 상자에 주어진 내용을 각각 입력합니다.

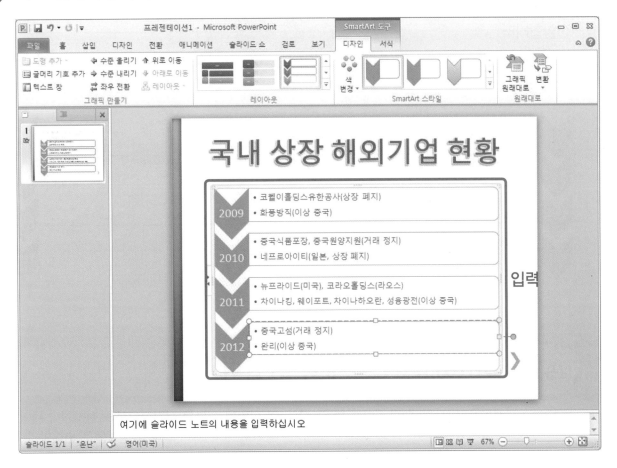

실격 쑥쑥 TIP **텍스트 창과 좌우 전환**

• 텍스트 창은 단계별로 나누어진 상태에서 SmartArt 그래픽의 텍스트를 빠르게 입력하고, 구성할 수 있습니다.

• [SmartArt 도구]–[디자인] 탭의 [그래픽 만들기] 그룹에서 [텍스트 창 📄텍스트창] 단추를 클릭하면 텍스트 창이 나타나는데 여기에서 텍스트 내용을 입력해도 됩니다.

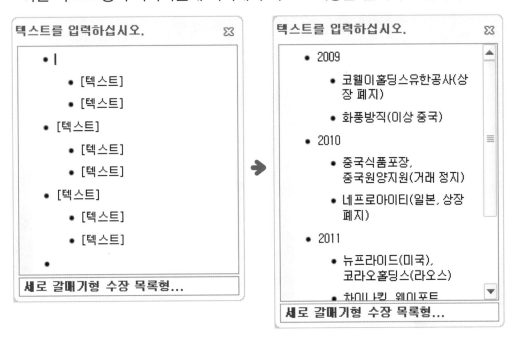

- 좌우 전환은 왼쪽에서 오른쪽으로 또는 오른쪽에서 왼쪽으로 SmartArt 그래픽의 레이아웃을 전환합니다.
- [SmartArt 도구]-[디자인] 탭의 [그래픽 만들기] 그룹에서 [좌우 전환 ⇄ 좌우 전환] 단추를 클릭합니다.

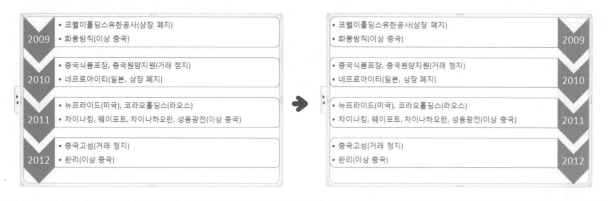

실습2 SmartArt 그래픽 편집하기

SmartArt 그래픽은 [디자인] 탭과 [서식] 탭을 이용하여 삽입된 정보를 시각적으로 표현하거나 뛰어난 품질의 그래픽 결과물로 편집할 수 있습니다.

SmartArt 그래픽 스타일 지정하기

1 [SmartArt 도구]-[디자인] 탭의 [SmartArt 스타일] 그룹에서 [색 변경 🎨] 단추를 클릭하고, '색상형 범위 – 강조색 4 또는 5'를 선택합니다.

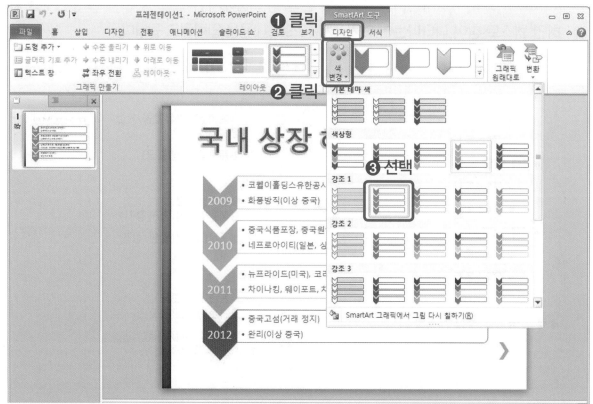

❷ 계속해서 [SmartArt 스타일] 그룹에서 [자세히 ▾] 단추를 클릭하고, 3차원에 있는
'광택 처리'를 선택합니다.

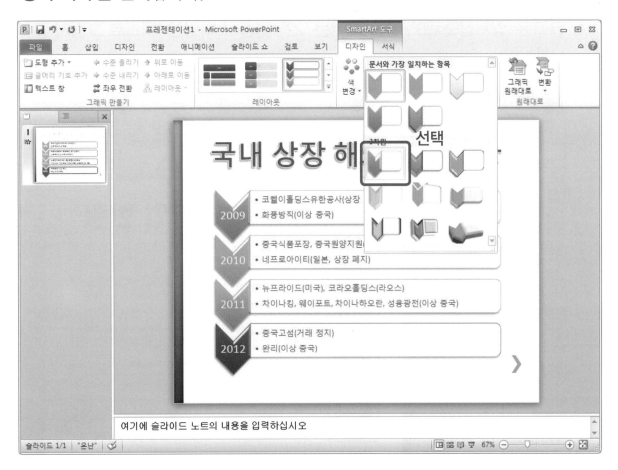

 TIP [SmartArt 도구]-[디자인] 탭의 [원래대로] 그룹에서 [그래픽 원래대로 📰] 단추를 클릭하면 SmartArt 그래픽에 변경한 서식을 모두 취소하고, 원래대로 복구합니다.

SmartArt 그래픽 글꼴 지정하기

3 Ctrl 키를 이용하여 왼쪽 텍스트 상자를 모두 선택한 후 [홈] 탭의 [글꼴] 그룹에서 글꼴은 '양재참숯체B', 글꼴 크기는 '22', 글꼴 스타일은 '텍스트 그림자'를 지정합니다.

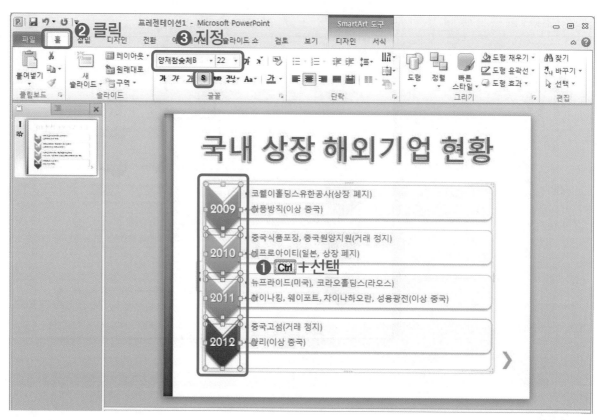

4 이번에는 오른쪽 텍스트 상자를 모두 선택한 후 [글꼴] 그룹에서 글꼴은 '맑은 고딕', 글꼴 크기는 '16', 글꼴 스타일은 '굵게', 글꼴 색은 '진한 파랑'을 지정합니다.

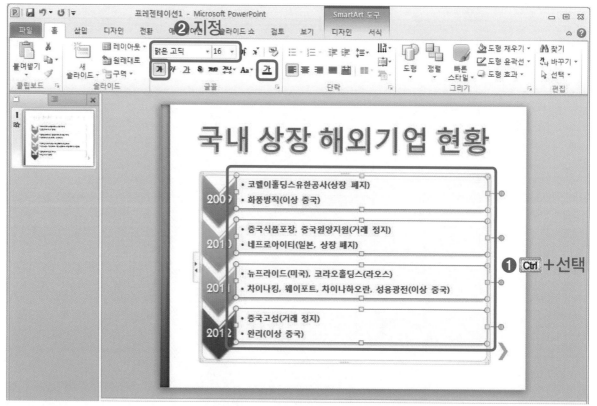

SmartArt 그래픽 도형 변경하기

5 [SmartArt 도구]–[서식] 탭의 [도형] 그룹에서 [도형 모양 변경 도형 모양 변경 ▼] 단추를 클릭하고, 사각형의 [한쪽 모서리가 잘린 사각형 □]을 선택합니다.

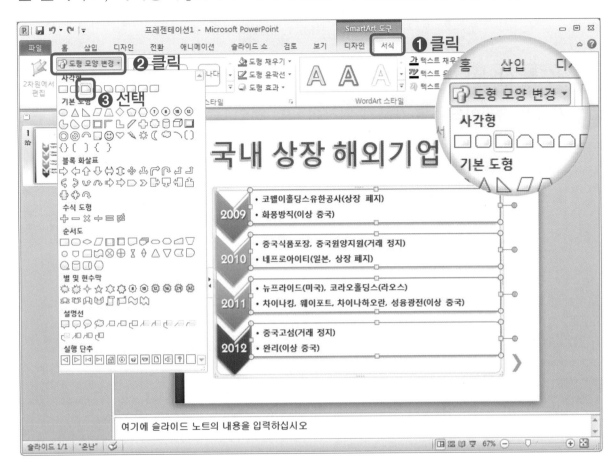

실력 쑥쑥 TIP [도형] 그룹

- **2차원에서 편집** : SmartArt 그래픽 도형의 크기를 조정하고, 끌 수 있도록 2차원 보기를 변경합니다. 해당 기능은 SmartArt 그래픽에 3차원 스타일을 적용한 경우에만 사용할 수 있습니다.

- **도형 모양 변경** : SmartArt 그래픽의 서식을 모두 유지한 상태에서 도형의 모양을 변경합니다.

- **크게** : SmartArt 그래픽에서 선택한 도형의 크기를 늘립니다.

- **작게** : SmartArt 그래픽에서 선택한 도형의 크기를 줄입니다.

조직도형 작성하기

조직도형은 여러 개의 도형과 연결선으로 구성되기 때문에 다양한 단체의 구조적 표현이나 업무에 따른 관계 체계를 나타낼 때 많이 사용합니다.

조직도형 삽입하기

1 새로운 슬라이드를 추가하기 위하여 [홈] 탭의 [슬라이드] 그룹에서 [새 슬라이드] 단추를 클릭하고, '빈 화면'을 선택합니다.

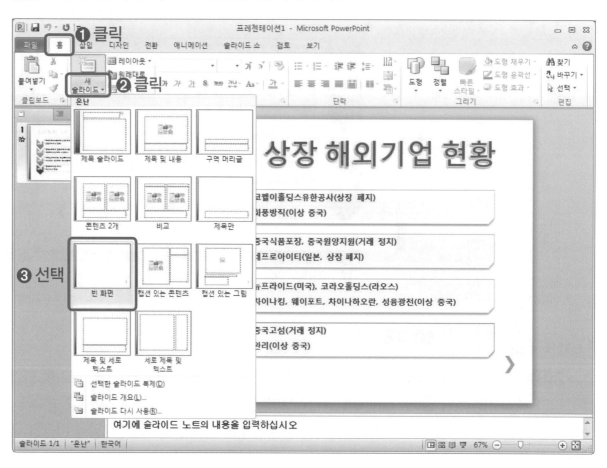

② 제목을 입력하기 위하여 [삽입] 탭의 [텍스트] 그룹에서 [WordArt 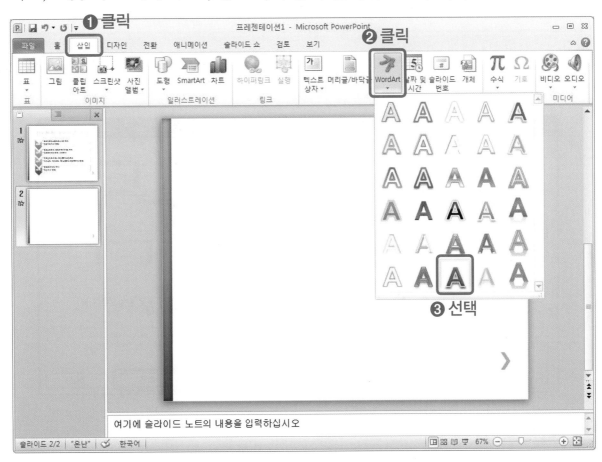] 단추를 클릭하고, '채우기 – 회색–50%, 강조 2, 무광택 입체'를 선택합니다.

③ WordArt에 주어진 내용을 입력하고, 위치와 효과를 지정한 후 [삽입] 탭의 [일러스트레이션] 그룹에서 [SmartArt] 단추를 클릭합니다.

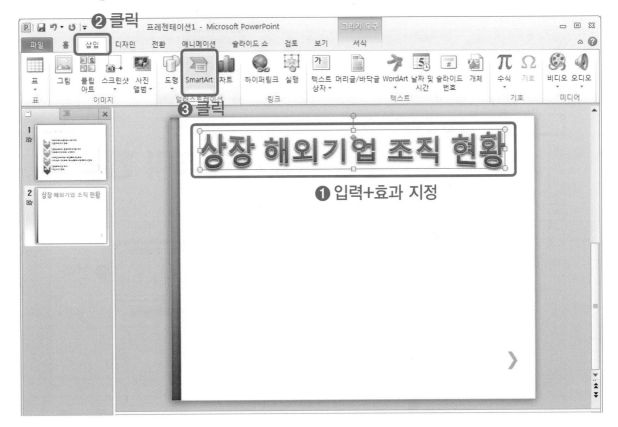

④ [SmartArt 그래픽 선택] 대화상자에서 '계층 구조형'에 있는 '계층 구조형'을 선택하고, [확인] 단추를 클릭합니다.

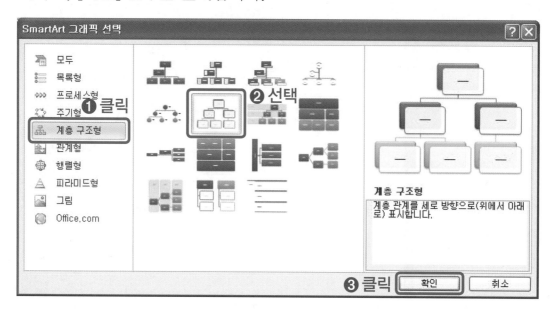

도형 추가하기

⑤ 계층 구조형이 삽입되면 오른쪽 텍스트 상자를 선택한 후 [SmartArt 도구]–[디자인] 탭의 [그래픽 만들기] 그룹에서 [도형 추가 📮도형 추가 ▾] 단추를 클릭하고, [아래에 도형 추가]를 선택합니다.

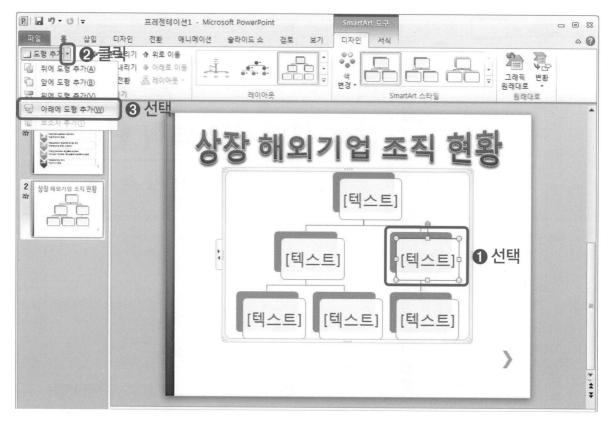

6 추가된 도형이 선택된 상태에서 다시 한 번 [도형 추가 🗌 도형 추가 ▾] 단추를 클릭하고, [앞에 도형 추가]를 선택합니다.

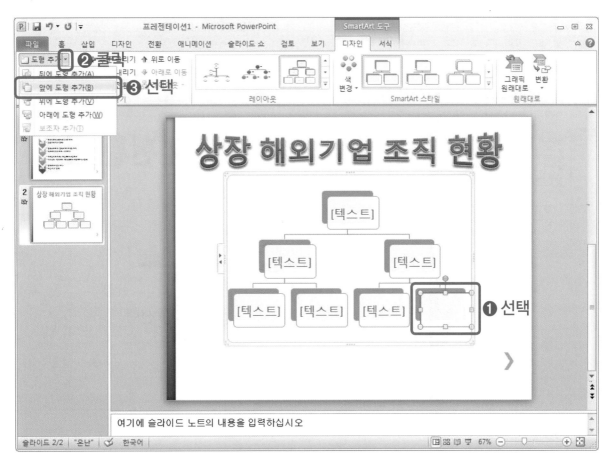

7 계속해서 가운데 도형이 선택된 상태에서 [도형 추가 🗌 도형 추가 ▾] 단추를 클릭하고, [아래에 도형 추가]를 선택합니다.

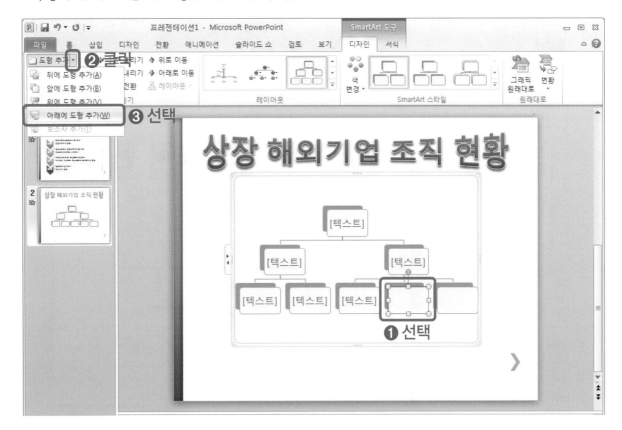

⑧ 추가된 도형이 선택된 상태에서 [도형 추가 🗋 도형 추가 ▾] 단추를 클릭하고, [뒤에 도형 추가]를 선택합니다.

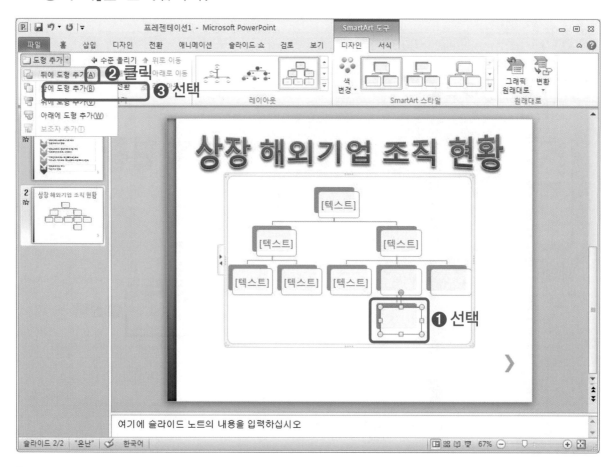

⑨ 마지막으로 왼쪽 텍스트 상자를 선택한 후 [도형 추가 🗋 도형 추가 ▾] 단추를 클릭하고, [아래에 도형 추가]를 선택합니다.

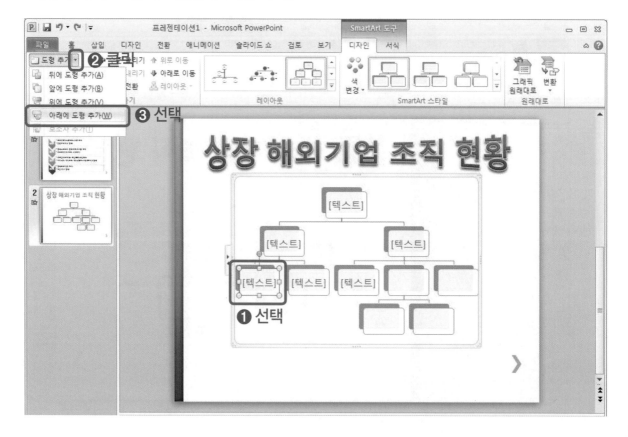

- 뒤에/앞에 도형 추가 : 선택한 도형 뒤에/앞에 도형을 추가 합니다.
- 위에/아래에 도형 추가 : 선택한 도형 한 수준 위에/아래에 도형을 추가합니다.
- 보조자 추가 : 조직도에 보조자를 추가합니다. 해당 옵션은 계층 구조 범주에 있는 조직도 레이아웃을 사용하는 경우 에만 사용할 수 있습니다.

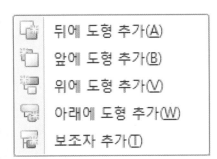

크기 조절과 텍스트 입력하기

10 모든 도형 추가가 완료되면 계층 구조형 테두리에서 마우스를 드래그하여 크기와 위치를 적당히 조절합니다.

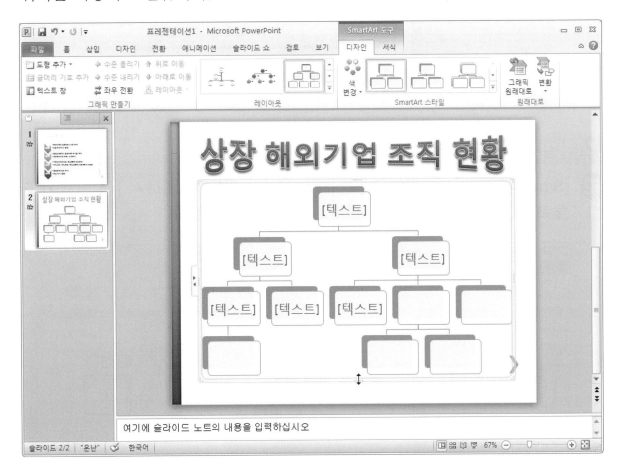

⑪ 각각의 텍스트 상자에 다음과 같이 해당 내용을 입력합니다.

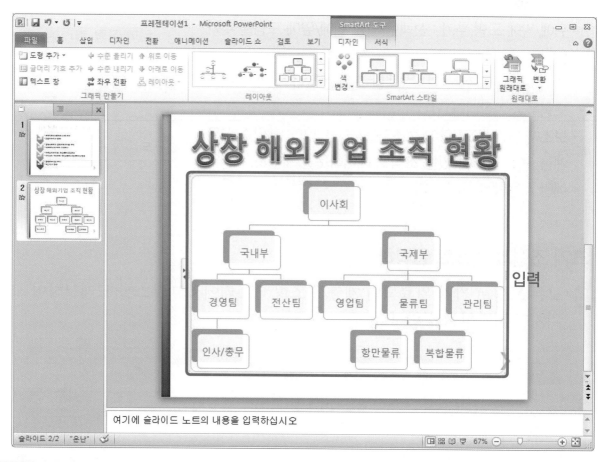

스타일 지정하기

⑫ [SmartArt 도구]-[디자인] 탭의 [SmartArt 스타일] 그룹에서 [색 변경🎨] 단추를 클릭하고, '색상형 범위 – 강조색 4 또는 5'를 선택합니다.

⓭ 계속해서 [SmartArt 스타일] 그룹에서 [자세히 ▼] 단추를 클릭하고, 3차원에 있는 '경사'를 선택합니다.

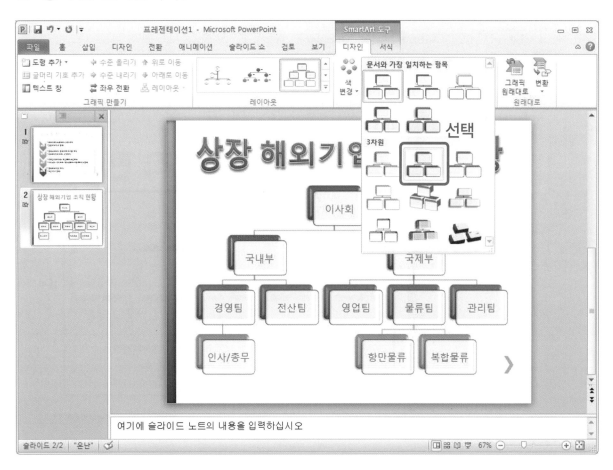

실력쑥쑥 🌱 TIP **레이아웃**

- SmartArt 그래픽에 적용된 레이아웃을 변경할 수 있는데, 이는 SmartArt 그래픽의 종류에 따라 다르게 나타납니다.
- [SmartArt 도구]-[디자인] 탭의 [레이아웃] 그룹에서 [자세히 ▼] 단추를 클릭하고, 원하는 레이아웃을 선택합니다.

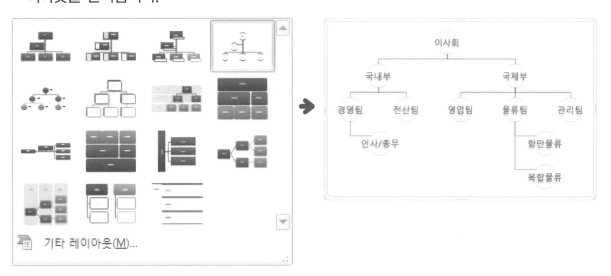

텍스트 상자 편집하기

14 **Ctrl** 키를 이용하여 계층 구조형의 앞면 텍스트 상자를 모두 선택합니다.

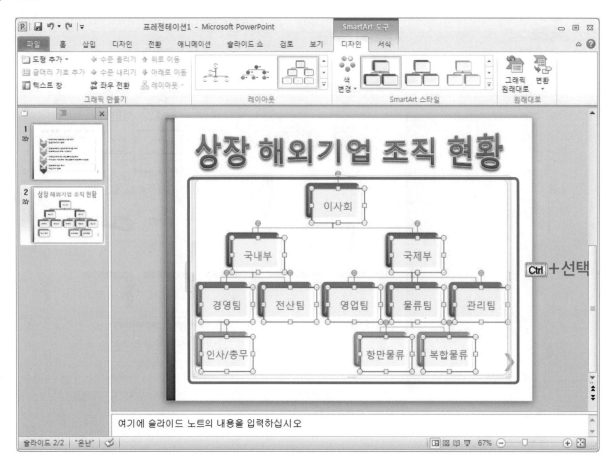

 TIP 여러 개의 도형을 선택할 때 **Shift** 키를 누른 상태에서 원하는 도형을 선택해도 됩니다.

⑮ [SmartArt 도구]–[서식] 탭의 [도형 스타일] 그룹에서 [도형 효과 ▣ 도형 효과 ▾] 단추를 클릭하고, [기본 설정]–[미리 설정]–[기본 설정 1]을 선택합니다.

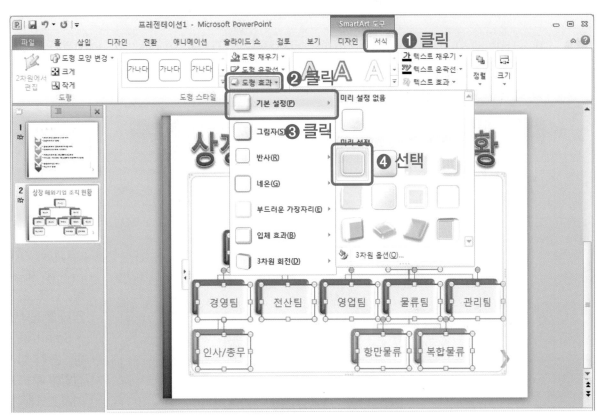

⑯ 다시 [도형 효과 ▣ 도형 효과 ▾] 단추를 클릭하고, [3차원 회전]–[평행]–[축 분리 2 왼쪽으로]를 선택합니다.

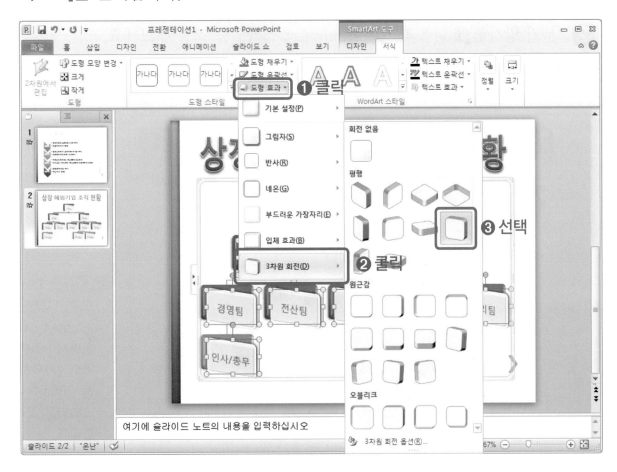

1 '빈 화면' 레이아웃에 '파형' 테마를 적용한 후 '분기 방사형'을 삽입하고, 해당 내용을 입력해 보세요.

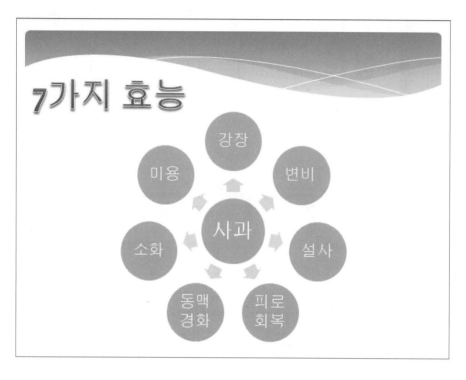

Hint! • WordArt 종류 중 '채우기 – 파랑, 강조 2, 무광택 입체'를 선택합니다.
• SmartArt 그래픽 중 '분기 방사형'을 삽입한 후 도형을 추가하고, 내용을 입력합니다.

2 '분기 방사형'에 다음과 같은 SmartArt 스타일을 적용해 보세요.
– 색 변경 : 색상형 – 강조색
– 전체 표시 스타일 : 3차원 – 광택 처리

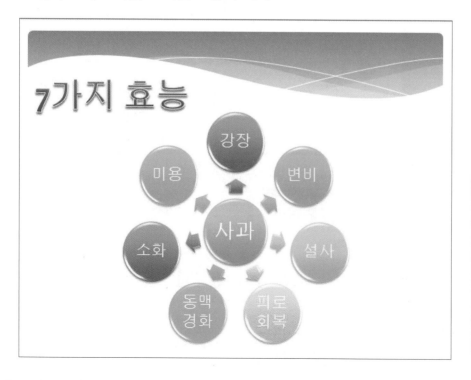

Hint! [SmartArt 도구]–[디자인] 탭의 [SmartArt 스타일] 그룹에서 [색 변경] 단추와 [자세히] 단추를 클릭하여 주어진 스타일을 각각 적용합니다.

3 '분기 방사형'에 다음과 같이 SmartArt의 서식과 도형 스타일을 지정해 보세요.
  – 텍스트 상자의 글꼴 서식 : 글꼴 – 태 나무, 글꼴 스타일 – 텍스트 그림자
  – 텍스트 상자의 도형 효과 : [그림자]–[원근감]–[원근감 대각선 오른쪽 위]

Hint! **Ctrl** 키를 이용하여 텍스트 상자를 모두 선택한 후 [홈] 탭의 [글꼴] 그룹과 [SmartArt 도구]–[서식] 탭의 [도형 스타일] 그룹에서 주어진 서식을 각각 적용합니다.

4 '빈 화면' 레이아웃에 '광장' 테마를 적용한 후 '반원 조직도형'을 삽입하고, 해당 내용을 입력해 보세요.

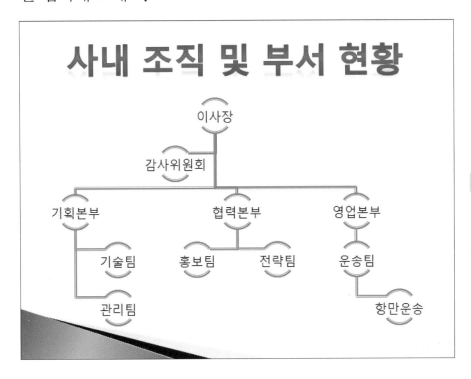

Hint! WordArt 종류 중 '그라데이션 채우기 – 파랑, 강조 4, 반사'를 선택합니다.
• SmartArt 그래픽 중 '반원 조직도형'을 삽입한 후 도형을 추가하고, 내용을 입력합니다.

5 '반원 조직도형'에 다음과 같은 SmartArt 스타일을 적용해 보세요.
– 색 변경 : 색상형 범위 – 강조색 3 또는 4
– 전체 표시 스타일 : 3차원 – 경사

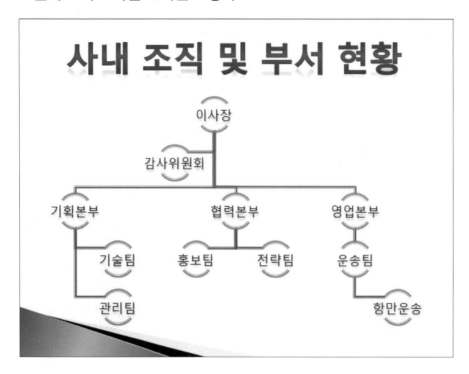

Hint! [SmartArt 도구]–[디자인] 탭의 [SmartArt 스타일] 그룹에서 [색 변경] 단추와 [자세히] 단추를 클릭하여 주어진 스타일을 각각 적용합니다.

6 '반원 조직도형'에 다음과 같이 SmartArt의 서식을 지정해 보세요.
– 텍스트 상자의 글꼴 서식 : 글꼴 – HY나무M, 글꼴 스타일 – 기울임꼴

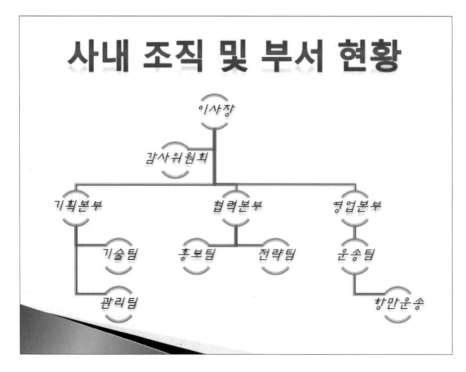

Hint! Ctrl 키를 이용하여 텍스트 상자를 모두 선택한 후 [홈] 탭의 [글꼴] 그룹에서 주어진 서식을 적용합니다.

07장 슬라이드 표 활용하기

표는 슬라이드 내용을 일목요연하게 정리하고자 할 때 많이 사용하는 기능입니다. 이번 장에서는 표를 슬라이드에 삽입하고, 다양한 서식과 편집 기능을 이용하여 원하는 형태의 표를 작성하는 방법에 대하여 알아보도록 하겠습니다.

완성파일 미리보기

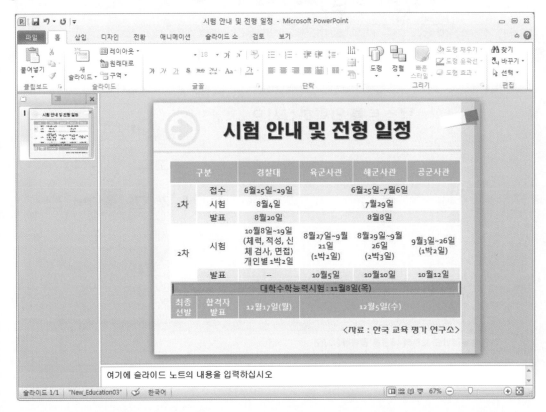

체크포인트

실습1 슬라이드에 표를 삽입하고, 행 높이와 열 너비를 조절하는 방법에 대하여 알아봅니다.

실습2 표에서 행 삽입, 셀 분할, 셀 병합, 텍스트 맞춤 등을 지정하는 방법에 대하여 알아봅니다.

실습3 표를 디자인하기 위하여 다양한 표 스타일과 옵션 등을 활용하는 방법에 대하여 알아봅니다.

슬라이드에 표 작성하기

슬라이드에서 표는 도형만큼이나 유용하게 사용하는 개체 메뉴로 내용 분류가 필요한 데이터를 일목요연하게
정리하고자 할 때 주로 사용합니다.

표 삽입하기

1 '제목 및 내용' 레이아웃에 '메모' 테마를 적용한 후 다음과 같은 글꼴 서식(HY견
고딕, 40, 텍스트 그림자, 진한 파랑)의 제목을 입력합니다.

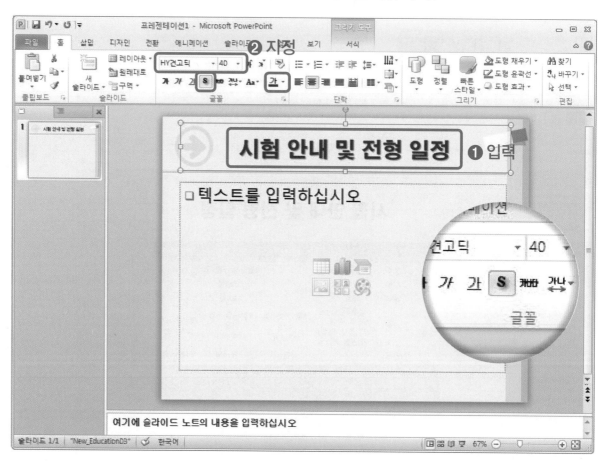

② 내용 텍스트 상자에서 [표 삽입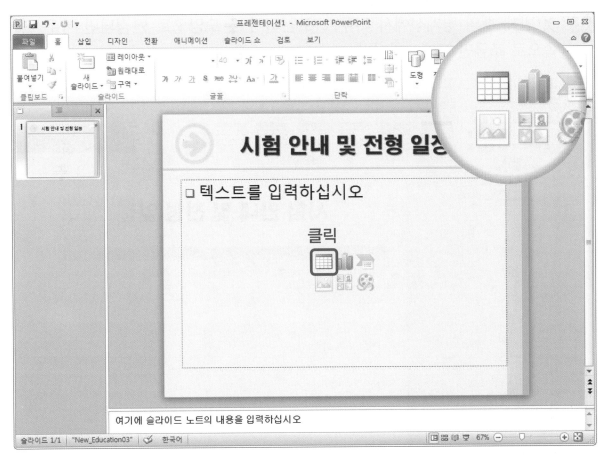] 아이콘을 클릭합니다.

③ [표 삽입] 대화상자에서 **열 개수(5)**와 **행 개수(7)**를 입력하고, [확인] 단추를 클릭합니다.

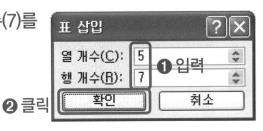

실력 쑥쑥 🌱 TIP **표 작성**

[삽입] 탭의 [표] 그룹에서 [표] 단추를 클릭하고, 마우스를 드래그하여 표의 열(5)과 행(7) 수를 지정할 수도 있습니다.

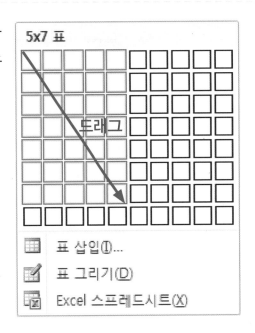

행 높이와 열 너비 조절하기

4 첫 번째 행의 경계선에서 마우스 포인터가 ⇕ 모양으로 변경되면 마우스를 아래
쪽으로 조금만 드래그합니다.

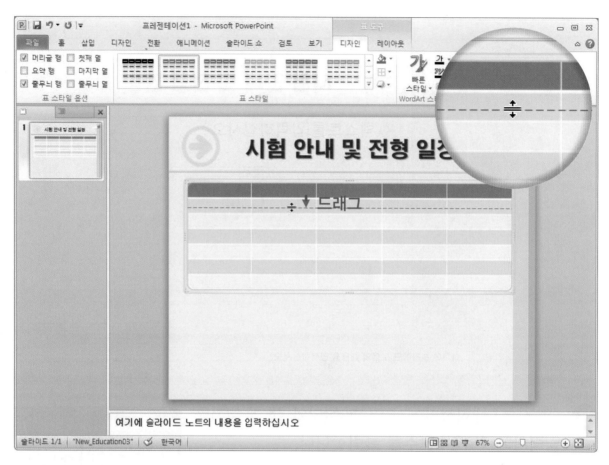

5 첫 번째 열의 경계선에서 마우스 포인터가 ⊪ 모양으로 변경되면 마우스를 오른
쪽으로 적당히 드래그합니다.

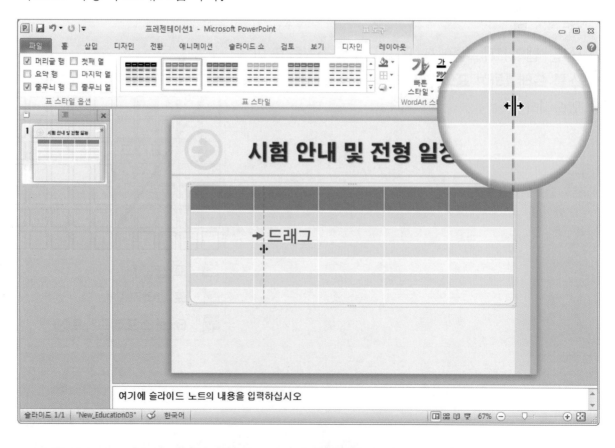

6 동일한 방법으로 각 열의 너비를 다음과 같이 적당히 조절합니다.

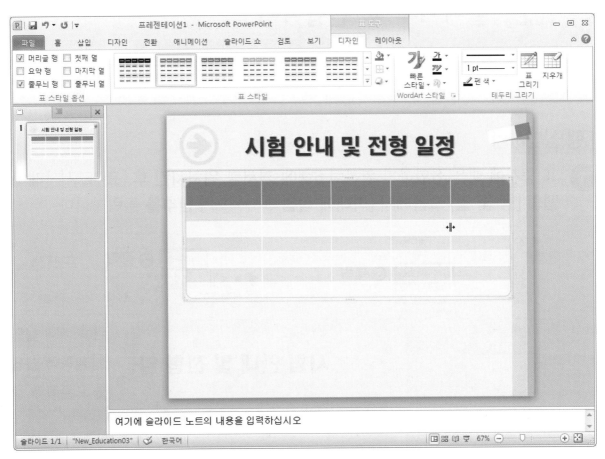

실력쑥쑥 TIP 표의 구성

• 표를 구성하는 각각의 사각형을 '셀'이라고 합니다.
• 표는 가로(행)와 세로(열)로 구성되는데 3행×4열의 표는 다음과 같습니다.

셀 —

1행1열	1행2열	1행3열	1행4열	— 행
2행1열	2행2열	2행3열	2행4열
3행1열	3행2열	3행3열	3행4열

열

슬라이드 표 편집하기

표를 편집할 경우에는 행 및 열 삽입, 셀 병합 및 분할, 맞춤, 셀 크기, 표 크기 등의 여러 가지 기능을 이용하여 원하는 형태의 표를 자유자재로 만들 수 있습니다.

행 삽입하기

1 표 중간에 행을 삽입하기 위하여 6행에 커서를 위치시킨 후 [표 도구]-[레이아웃] 탭의 [행 및 열] 그룹에서 [아래에 삽입 ⊞ 아래에 삽입] 단추를 클릭합니다.

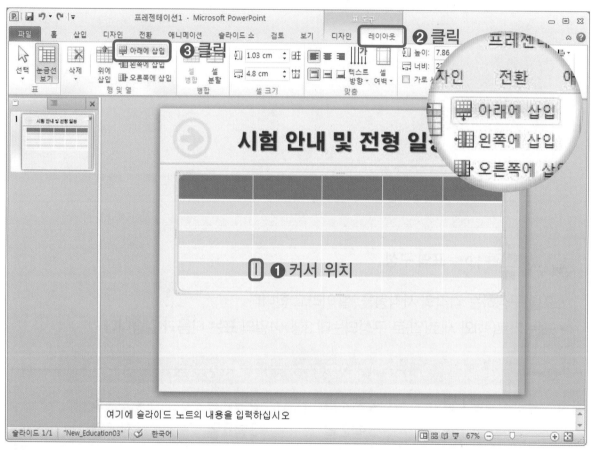

TIP 행을 삽입할 경우에는 행이 기준이 되기 때문에 열의 위치에는 상관없이 주어진 행에 커서를 위치시키면 됩니다.

실격쑥쑥 TIP [행 및 열] 그룹

- 삭제 : 행, 열, 셀 또는 표 전체를 삭제합니다.
- 위에 삽입 : 선택한 행 바로 위에 새로운 행을 추가합니다.
- 아래에 삽입 : 선택한 행 바로 아래에 새로운 행을 추가합니다.
- 왼쪽에 삽입 : 선택한 열 바로 왼쪽에 새로운 열을 추가합니다.
- 오른쪽에 삽입 : 선택한 열 바로 오른쪽에 새로운 열을 추가합니다.

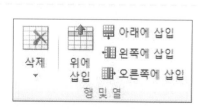

셀 분할하기

2 2행 1열부터 8행 1열까지를 마우스로 드래그하여 범위 지정한 후 [표 도구]-[레이아웃] 탭의 [병합] 그룹에서 [셀 분할▦] 단추를 클릭합니다.

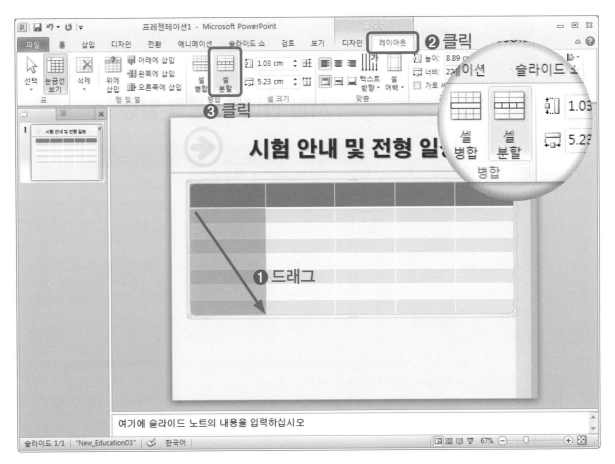

3 [셀 분할] 대화상자에서 열 개수(2)와 행 개수(1)를 입력하고, [확인] 단추를 클릭합니다.

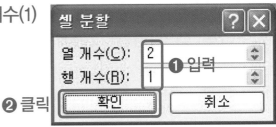

합격 쑥쑥 TIP **열 삽입**

① 삽입하려는 열에 커서를 위치시킨 후 [표 도구]-[레이아웃] 탭의 [행 및 열] 그룹에서 [왼쪽에 삽입◀▦왼쪽에 삽입] 단추를 클릭합니다.

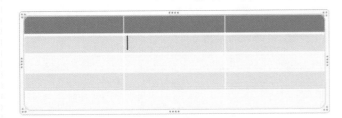

② 그 결과 커서가 위치한 열의 바로 왼쪽에 열이 삽입된 것을 확인할 수 있습니다.

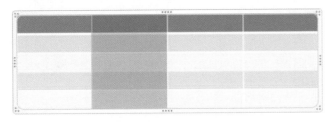

④ 셀이 분할되면 첫 번째 열의 경계선에서 마우스를 왼쪽으로 드래그하여 열 너비를 조절합니다.

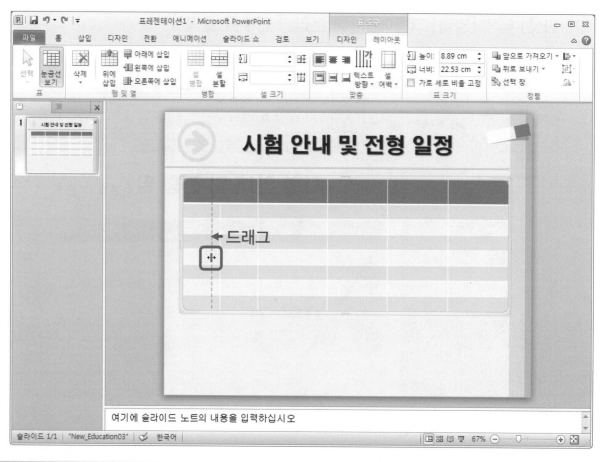

셀 병합하기

⑤ 2행 1열부터 4행 1열까지를 마우스로 드래그하여 범위 지정한 후 [표 도구]–[레이아웃] 탭의 [병합] 그룹에서 [셀 병합] 단추를 클릭합니다.

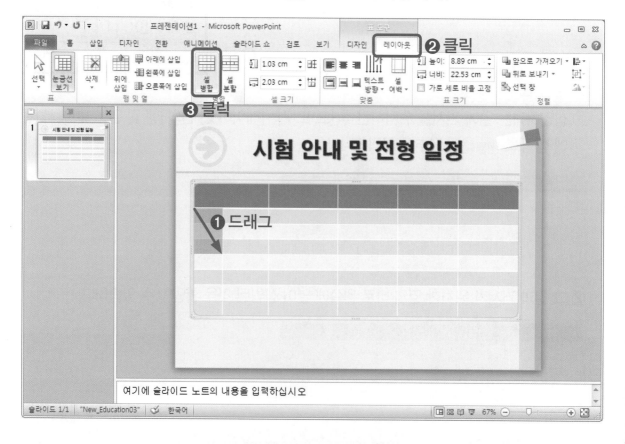

6 이번에는 2행 4열부터 2행 6열까지를 마우스로 드래그하여 범위 지정한 후 [병합] 그룹에서 [셀 병합▦] 단추를 클릭합니다.

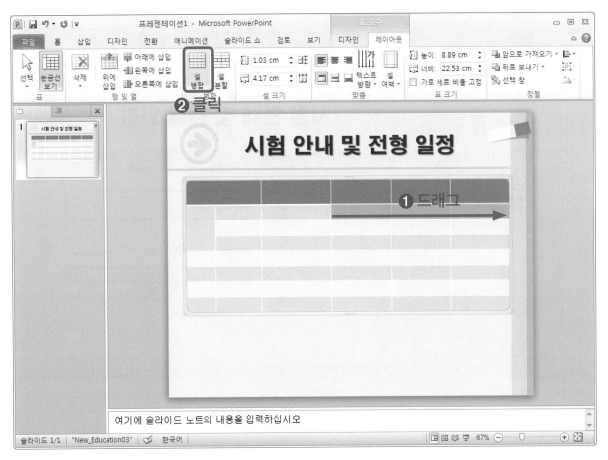

 TIP 셀 병합은 선택한 셀을 하나의 셀로 병합하고, 셀 분할은 선택한 셀을 여러 개의 셀로 나눕니다.

7 동일한 방법으로 표의 해당 셀 부분을 다음과 같이 각각 병합합니다.

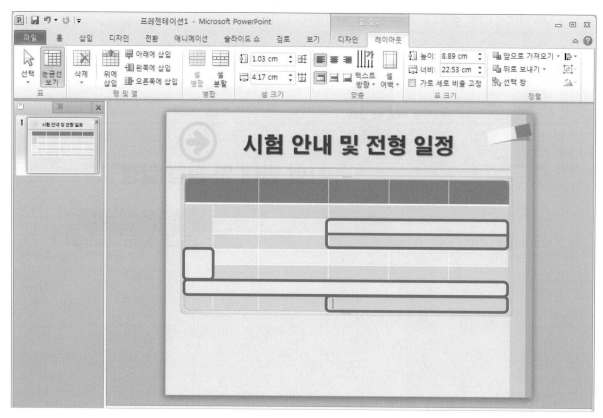

텍스트 맞춤 지정하기

8 표에 주어진 내용을 입력하고, 제목 행(1행)을 마우스로 드래그하여 범위 지정합니다.

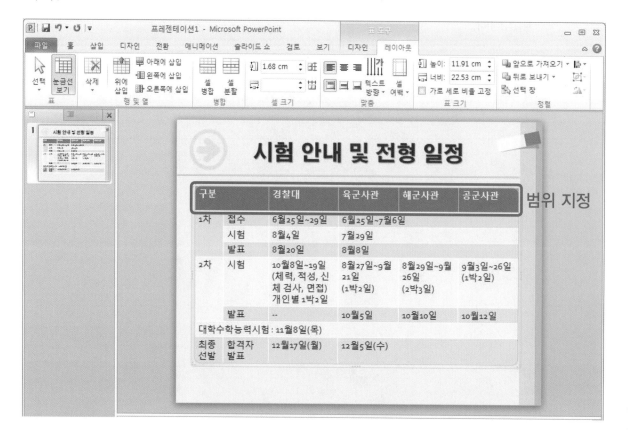

⑨ [표 도구]–[레이아웃] 탭의 [맞춤] 그룹에서 [가운데 맞춤▤] 단추와 [세로 가운데 맞춤▤] 단추를 각각 클릭합니다.

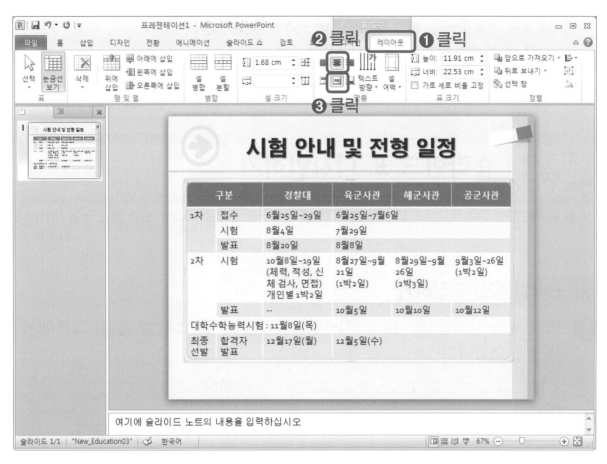

⑩ 이번에는 제목 행을 제외한 나머지 부분을 모두 범위 지정한 후 [맞춤] 그룹에서 [가운데 맞춤▤] 단추와 [세로 가운데 맞춤▤] 단추를 각각 클릭합니다.

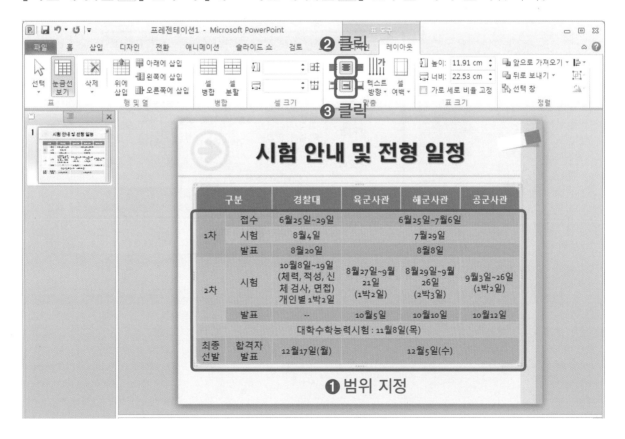

TIP **텍스트 맞춤**

- [위쪽 맞춤▤] : 셀의 위쪽에 텍스트를 맞춥니다.
- [세로 가운데 맞춤▤] : 셀의 세로 중간에 텍스트를 맞춥니다.
- [아래쪽 맞춤▤] : 셀의 아래쪽에 텍스트를 맞춥니다.

실습3 슬라이드 표 디자인하기

표를 디자인하는 것은 작성된 표를 보다 시각적으로 표현하는 것으로, 표 스타일과 옵션 등을 이용하여 다양하게 지정할 수 있습니다

표 스타일 옵션 지정하기

1 표 전체를 선택한 후 [표 도구]-[디자인] 탭의 [표 스타일 옵션] 그룹에서 '요약 행'을 선택합니다.

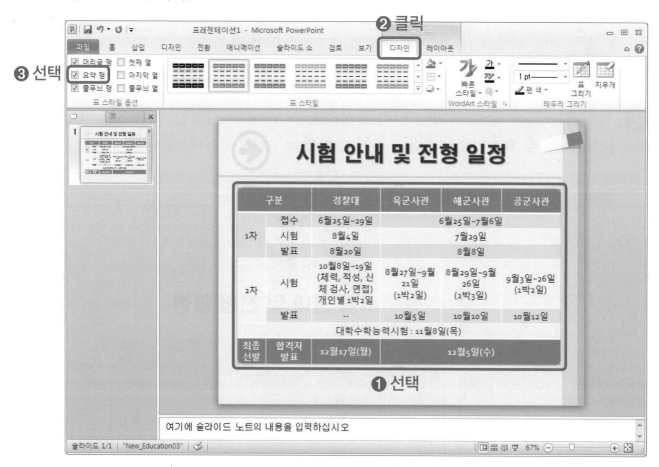

표 스타일 옵션

- 머리글 행 : 표의 머리글 행을 설정하거나 해제합니다.
- 요약 행 : 표의 요약 행을 설정하거나 해제합니다.
- 줄무늬 행 : 짝수 행과 홀수 행의 서식이 서로 다른 줄무
  늬 행으로 표시됩니다.
- 첫째 열 : 표의 첫 번째 열에 특수한 서식을 표시합니다.
- 마지막 열 : 표의 마지막 열에 특수한 서식을 표시합니다.
- 줄무늬 열 : 짝수 열과 홀수 열의 서식이 서로 다른 줄무늬 열로 표시됩니다.

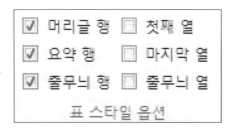

표 스타일 지정하기

2 [표 도구]-[디자인] 탭의 [표 스타일] 그룹에서 [자세히 ▾] 단추를 클릭하고, 보통
의 '보통 스타일 2 - 강조 3'을 선택합니다.

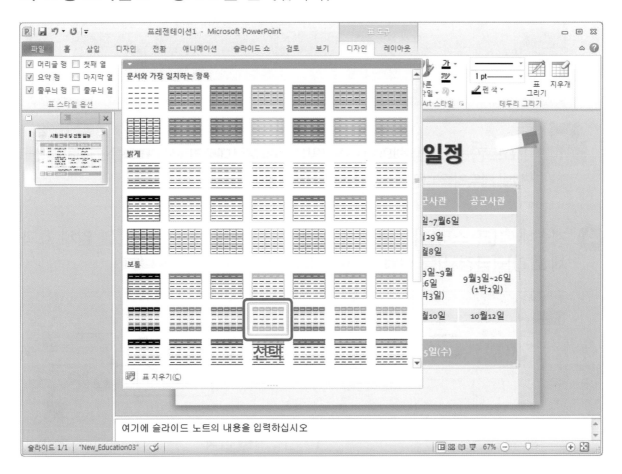

❸ 7행에 커서를 위치시킨 후 [표 스타일] 그룹에서 [음영] 단추를 클릭하고, '주황'을 선택합니다.

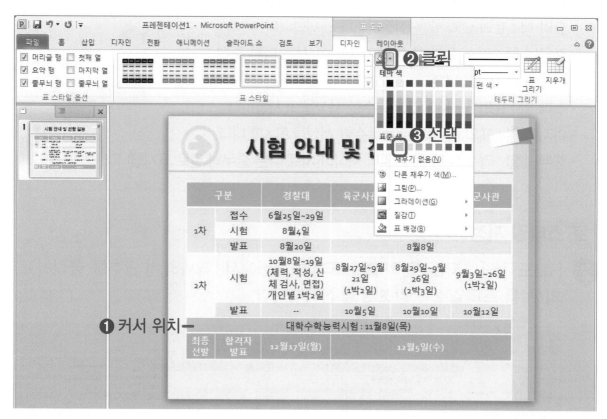

TIP [표 도구]-[디자인] 탭의 [표 스타일] 그룹에서 [테두리 ⊞] 단추를 클릭하면 선택한 셀의 테두리를 다양하게 지정할 수 있습니다.

❹ 계속해서 [표 스타일] 그룹에서 [효과 ◐] 단추를 클릭하고, [셀 입체 효과]-[입체 효과]-[급경사]를 선택합니다.

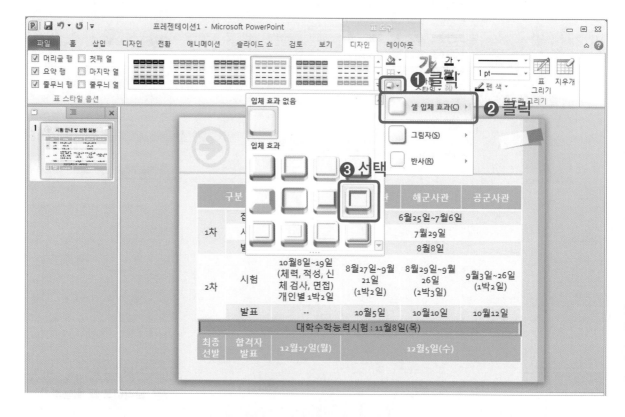

표에 캡션 달기

5 [삽입] 탭의 [텍스트] 그룹에서 [텍스트 상자📑] 단추를 클릭하고, [가로 텍스트 상자]를 선택합니다.

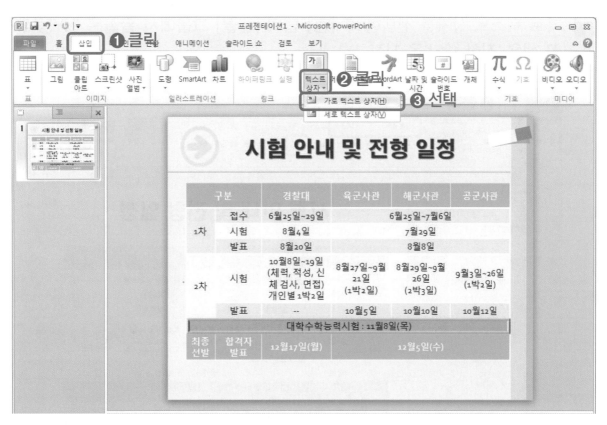

6 마우스 포인터가 변경되면 표 아래에서 마우스를 클릭한 후 "〈자료 : 한국 교육 평가 연구소〉"를 입력합니다.

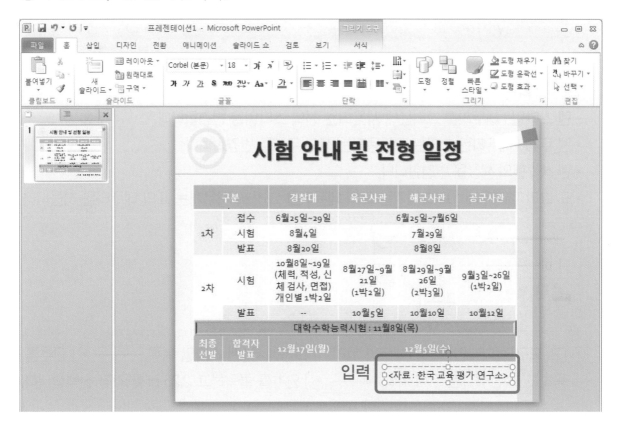

TIP 표 아래에서 마우스를 클릭하여 임의의 위치에 텍스트 상자를 삽입한 경우 텍스트 상자를 드래그하여 원하는 위치로 이동시킬 수 있습니다.

7 가로 텍스트 상자를 선택한 후 [홈] 탭의 [글꼴] 그룹에서 글꼴은 'HY동녘M', 글꼴 색은 '진한 빨강'을 지정합니다.

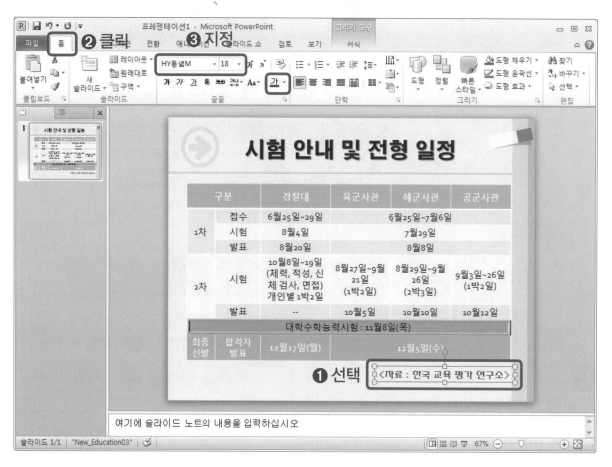

실격쑥쑥 **TIP** [테두리 그리기] 그룹

- 펜 스타일 : 테두리를 그리는데 사용되는 선의 스타일을 변경합니다.
- 펜 두께 : 테두리는 그리는데 사용되는 선의 두께를 변경합니다.
- 펜 색 : 펜의 색상을 변경합니다.
- 표 그리기/지우개 : 표 그리기는 표의 테두리를 그리고, 지우개는 표의 테두리를 지웁니다.

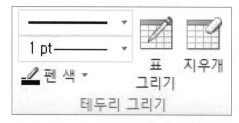

① [표 도구]–[디자인] 탭의 [테두리 그리기] 그룹에서 [펜 스타일 목록 ───── ▼] 단추를 클릭하고 '점선'을, [펜 두께 목록 1 pt───── ▼] 단추를 클릭하고 '2.25 pt'를 각각 선택합니다.

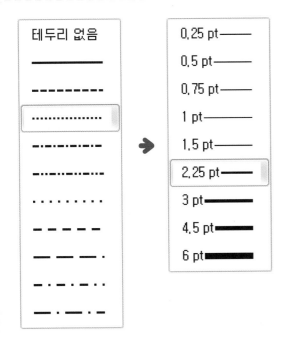

② 마우스 포인터가 ✎ 모양으로 변경되면 표에서 원하는 부분의 선 테두리에 마우스를 드래 그합니다.

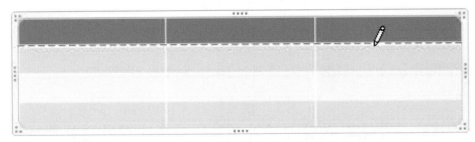

③ 표의 특정 부분을 지우기 위하여 [테두리 그리기] 그룹에서 [지우개▦] 단추를 클릭한 후 마 우스 포인터가 ⬮ 모양으로 변경되면 지울 부분의 선 테두리를 마우스로 드래그합니다.

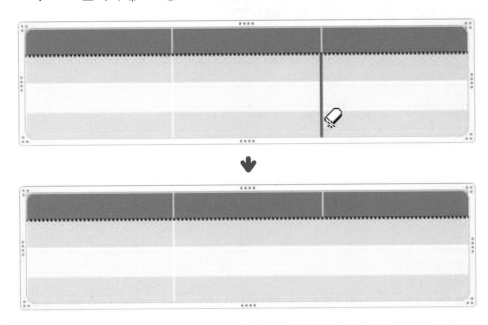

1 '제목 및 내용' 레이아웃에 '심플' 테마를 적용한 후 다음과 같은 표를 삽입해 보세요.

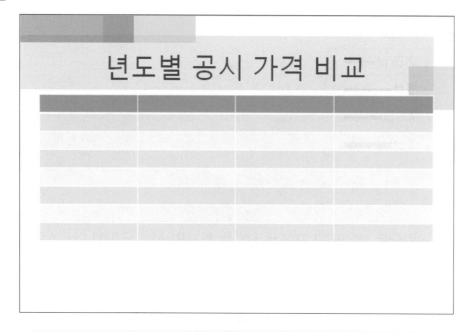

년도별 공시 가격 비교

Hint!　제목을 입력한 후 [표 삽입] 대화상자에서 열 개수(4)와 행 개수(8)를 입력합니다.

2 표에서 첫 열은 2개로 분할하고, 해당 부분의 셀들은 다음과 같이 병합해 보세요.

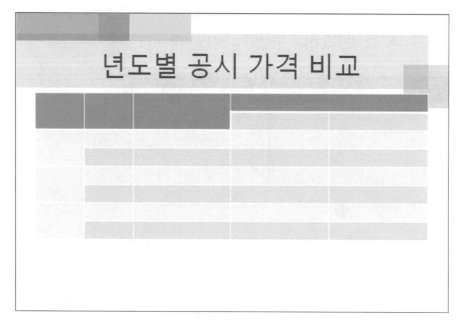

년도별 공시 가격 비교

Hint!　• 첫 번째 열을 범위 지정한 후 [표 도구]–[레이아웃] 탭의 [병합] 그룹에서 [셀 분할] 단추를
　클릭합니다.
　• 표의 해당 셀들을 범위 지정한 후 [표 도구]–[레이아웃] 탭의 [병합] 그룹에서 [셀 병합] 단추
　를 클릭합니다.

3 표에서 4행, 6행, 8행 아래쪽에 행을 추가하고, 셀의 열 너비를 적당히 조절해 보세요.

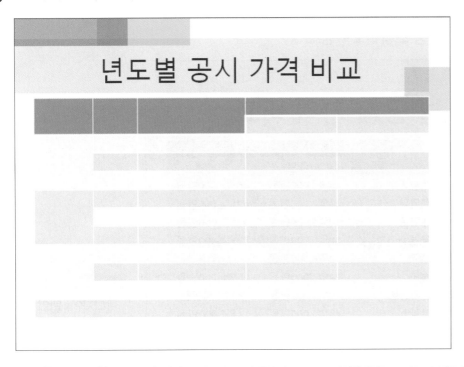

> **Hint!**
> • 각각의 행에 커서를 위치시킨 후 [표 도구]–[레이아웃] 탭의 [행 및 열] 그룹에서 [아래에 삽입] 단추를 클릭합니다.
> • 셀의 해당 부분을 다시 병합한 후 열 경계선을 드래그하여 열 너비를 적당히 조절합니다.

4 표에 내용을 입력한 후 텍스트 맞춤 기능을 이용하여 다음과 같이 정렬해 보세요.

년도별 공시 가격 비교

구분	순위	단지명	공시 가격	
			2011년	2012년
아파트	1	대한캐슬 3차	45억6,000만원	45억7,000만원
	2	현대제일파크	44억7,200만원	42억4,000만원
	3	무지개타운	40억5,000만원	39억3,000만원
연립 주택	1	트라움 빌라 5차	50억8,800만원	52억4,000만원
	2	미래 빌라	34억8,000만원	36억원
	3	강남 빌라	24억7,000만원	25억5,200만원
다세대 주택	1	리츠빌카일룸	19억2,000만원	20억800만원
	2	오보에힐스	18억3,000만원	17억1,000만원
	3	한남스위티	16억9,500만원	16억2,500만원
비고 : 전용 면적은 270(㎡)을 기준으로 함				

> **Hint!** [표 도구]–[레이아웃] 탭의 [맞춤] 그룹에서 [가운데 맞춤] 단추와 [세로 가운데 맞춤] 단추를 각각 클릭합니다.

5 표 전체에 다음과 같은 옵션과 스타일을 지정해 보세요.
- 표 스타일 옵션 : 요약 행
- 표 스타일 : 보통의 '보통 스타일 2 – 강조 5'

년도별 공시 가격 비교

구분	순위	단지명	공시 가격	
			2011년	2012년
아파트	1	대한캐슬 3차	45억6,000만원	45억7,000만원
	2	현대제일파크	44억7,200만원	42억4,000만원
	3	무지개타운	40억5,000만원	39억3,000만원
연립 주택	1	트라움 빌라 5차	50억8,800만원	52억4,000만원
	2	미래 빌라	34억8,000만원	36억원
	3	강남 빌라	24억7,000만원	25억5,200만원
다세대 주택	1	리츠빌카일룸	19억2,000만원	20억800만원
	2	오보에힐스	18억3,000만원	17억1,000만원
	3	한남스위티	16억9,500만원	16억2,500만원
비고 : 전용 면적은 270(㎡)을 기준으로 함				

Hint! [표 도구]– [디자인] 탭의 [표 스타일 옵션] 그룹과 [표 스타일] 그룹에서 각각 지정합니다.

6 표 아래쪽에 가로 텍스트 상자를 이용하여 주어진 내용을 입력해 보세요.
- 글꼴 : 양재참숯체B, 글꼴 크기 : 18, 글꼴 스타일 : 기울임꼴, 글꼴 색 : 진한 파랑

년도별 공시 가격 비교

구분	순위	단지명	공시 가격	
			2011년	2012년
아파트	1	대한캐슬 3차	45억6,000만원	45억7,000만원
	2	현대제일파크	44억7,200만원	42억4,000만원
	3	무지개타운	40억5,000만원	39억3,000만원
연립 주택	1	트라움 빌라 5차	50억8,800만원	52억4,000만원
	2	미래 빌라	34억8,000만원	36억원
	3	강남 빌라	24억7,000만원	25억5,200만원
다세대 주택	1	리츠빌카일룸	19억2,000만원	20억800만원
	2	오보에힐스	18억3,000만원	17억1,000만원
	3	한남스위티	16억9,500만원	16억2,500만원
비고 : 전용 면적은 270(㎡)을 기준으로 함				

〈자료 제공 : 부동산 123 센터〉

Hint! • [삽입] 탭의 [텍스트] 그룹에서 [가로 텍스트 상자]를 이용하여 주어진 내용을 입력합니다.
• [홈] 탭의 [글꼴] 그룹에서 주어진 글꼴 서식을 지정합니다.

슬라이드 차트 활용하기

차트는 수치 데이터를 막대, 선, 도형 등을 이용하여 시각적으로 표현한 것으로 숫자로 구성된 데이터를 비교, 분석, 예측할 수 있습니다. 이번 장에서는 차트를 슬라이드에 삽입하고, 다양한 서식과 편집 기능을 이용하여 원하는 차트를 작성하는 방법에 대하여 알아보도록 하겠습니다.

완성파일 미리보기

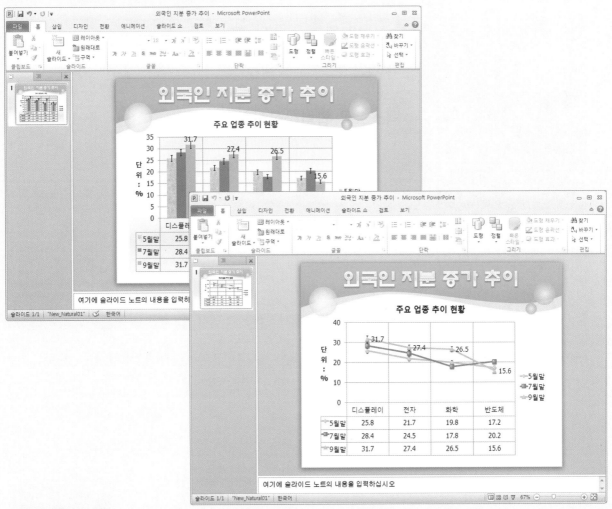

체크포인트

실습1 차트의 종류를 선택한 후 슬라이드에 차트를 삽입하는 방법에 대하여 알아봅니다.

실습2 차트 제목, 축 제목, 범례, 데이터 레이블, 데이터 표, 눈금선, 오차 막대 등을 이용하여 차트를 편집하는 방법에 대하여 알아봅니다.

실습3 도형 스타일과 차트 스타일을 이용하여 차트를 디자인하는 방법에 대하여 알아봅니다.

슬라이드에 차트 작성하기

차트는 수치 데이터에서 특정 항목의 구성 비율을 시각적으로 살펴보고자 할 때 사용하는 기능으로 크게 2차원과 3차원 차트로 분류됩니다.

차트 삽입하기

1 '제목 및 내용' 레이아웃에 '자연' 테마를 적용한 후 다음과 같은 글꼴 서식(휴먼엑스포, 48, 굵게, 텍스트 그림자)의 제목을 입력합니다.

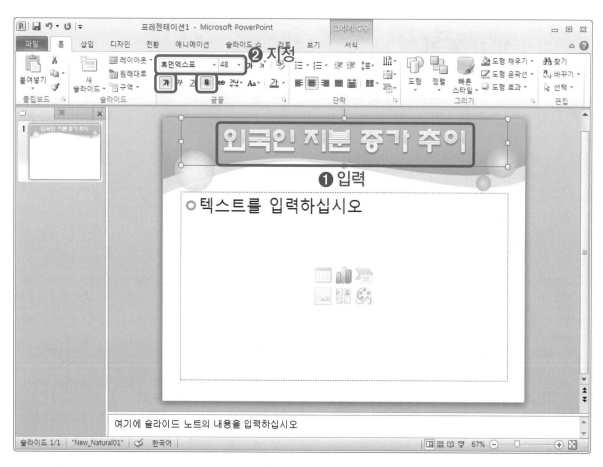

2 내용 텍스트 상자에서 [차트 삽입📊] 아이콘을 클릭합니다.

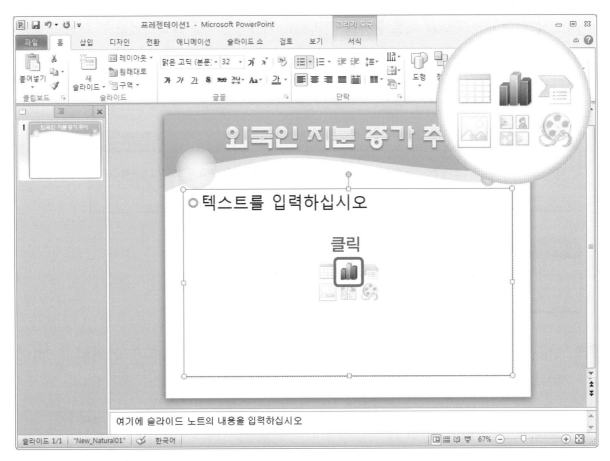

 [삽입] 탭의 [일러스트레이션] 그룹에서 [차트📊] 단추를 클릭해도 차트를 작성할 수 있습니다.

3 [차트 삽입] 대화상자에서 세로 막대형의 '묶은 세로 막대형'을 선택하고, [확인] 단추를 클릭합니다.

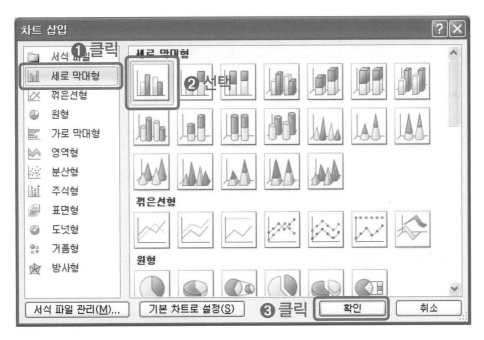

[차트 삽입] 대화상자에서 차트 종류를 선택하고, [확인] 단추를 클릭하였을 때 다음과 같은 대화상자가 나타나면 [확인], [확인] 단추를 차례로 클릭합니다. 그런 다음 Excel 2010을 직접 실행하고, 다시 [차트 삽입] 대화상자에서 차트 종류를 선택하면 차트 데이터를 입력할 수 있는 엑셀 화면이 나타납니다.

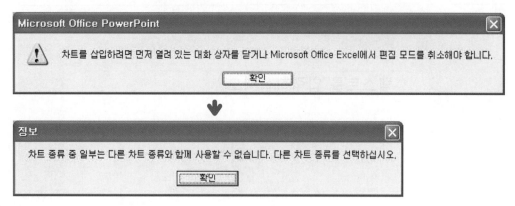

④ Microsoft PowerPoint의 차트 창이 나타나면 주어진 내용을 입력하고, 화면 오른쪽 상단의 [닫기 ▣] 단추를 클릭합니다.

❷ 클릭

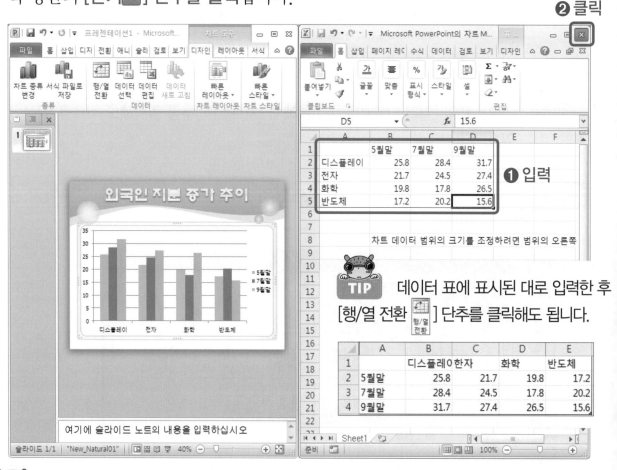

TIP 데이터 표에 표시된 대로 입력한 후 [행/열 전환 ▣] 단추를 클릭해도 됩니다.

TIP 데이터 내용이 적은 경우에는 데이터 범위의 오른쪽 아래 모서리를 데이터가 입력된 곳까지 드래그하여 크기를 조절합니다.

❶드래그

⑤ 그 결과 슬라이드에 차트가 삽입되어 나타나는 것을 확인할 수 있습니다.

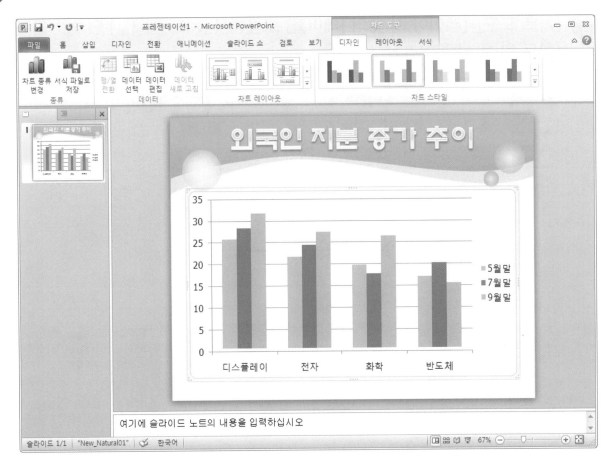

차트를 편집할 경우에는 레이블, 축, 배경, 분석 등의 여러 가지 그룹 기능을 이용하여 원하는 형태의 차트를 자유자재로 만들 수 있습니다.

실력 쑥쑥 TIP **차트의 구성 요소**

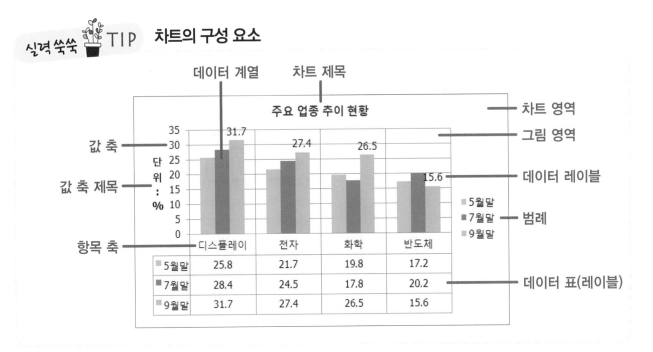

	디스플레이	전자	화학	반도체
5월말	25.8	21.7	19.8	17.2
7월말	28.4	24.5	17.8	20.2
9월말	31.7	27.4	26.5	15.6

차트 제목 입력하기

1 [차트 도구]-[레이아웃] 탭의 [레이블] 그룹에서 [차트 제목🔲] 단추를 클릭하고, [차트 위]를 선택합니다.

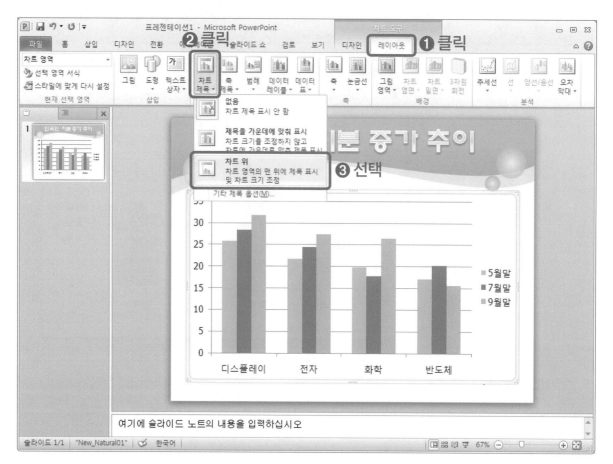

2 차트 제목이 나타나면 주어진 내용을 입력하고, [홈] 탭의 [글꼴] 그룹에서 글꼴 크기는 '20', 글꼴 색은 '진한 파랑'으로 지정합니다.

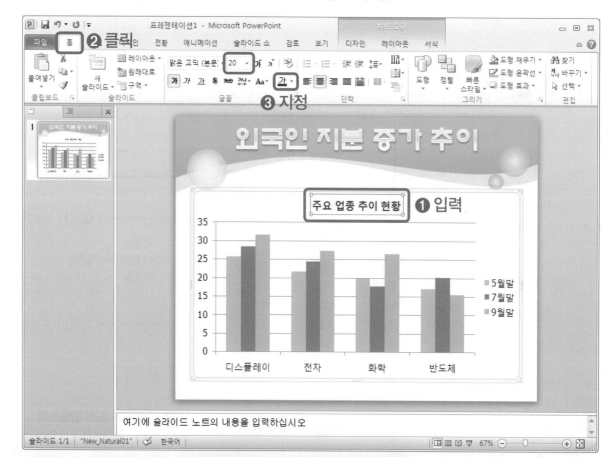

축 제목 입력하기

③ [차트 도구]-[레이아웃] 탭의 [레이블] 그룹에서 [축 제목🖩] 단추를 클릭하고, [기본 세로 축 제목]-[세로 제목]을 선택합니다.

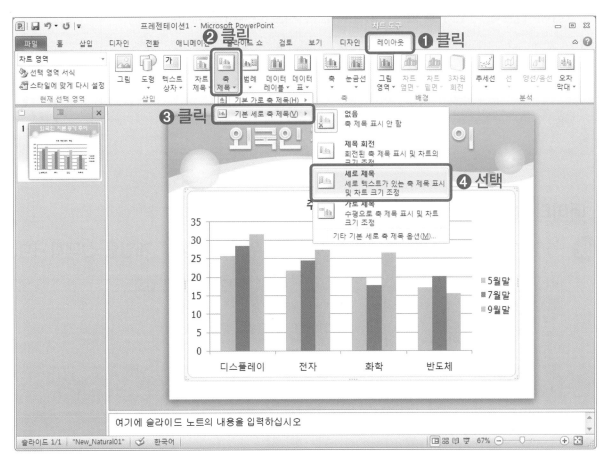

④ 기본 세로 축 제목이 나타나면 주어진 내용을 입력합니다.

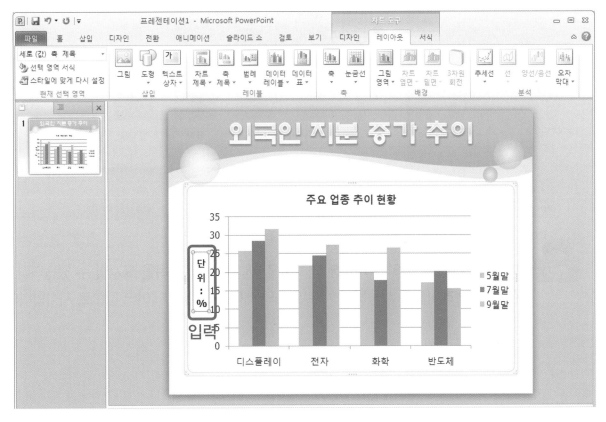

범례는 데이터 계열이나 항목에 지정된 무늬 및 색상을 표시하는 것으로, 차트에서 범례의 위치를 변경하려면 [차트 도구]-[레이아웃] 탭의 [레이블] 그룹에서 [범례] 단추를 클릭하고 원하는 위치를 선택하면 됩니다.

데이터 레이블 지정하기

5 특정 계열에만 데이터 레이블을 지정하기 위하여 '9월말' 계열을 선택합니다.

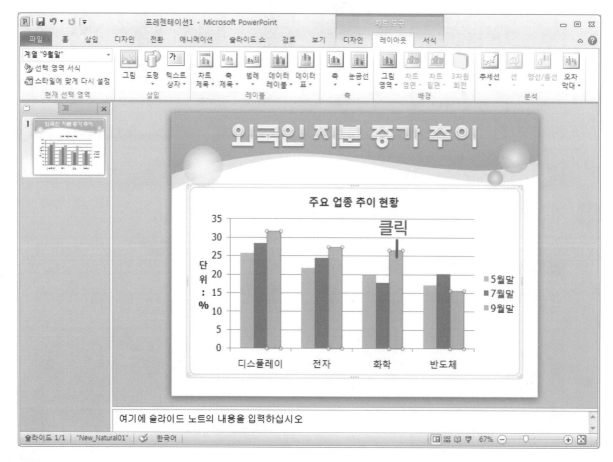

 TIP 데이터 레이블은 데이터 계열에 대하여 값이나 데이터 항목을 표시할 수 있습니다. 또한, 데이터 레이블을 사용하면 차트 요소의 레이블을 실제 데이터 값으로 지정합니다.

6 [차트 도구]-[레이아웃] 탭의 [레이블] 그룹에서 [데이터 레이블🔳] 단추를 클릭하고, [바깥쪽 끝에]를 선택합니다.

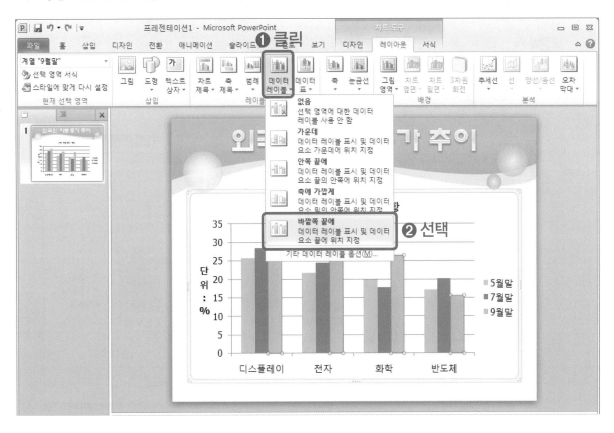

데이터 표 지정하기

7 [차트 도구]-[레이아웃] 탭의 [레이블] 그룹에서 [데이터 표🔳] 단추를 클릭하고, [범례 표지와 함께 데이터 표 표시]를 선택합니다.

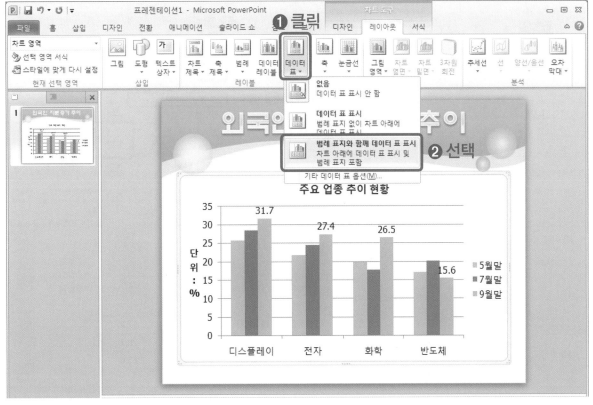

8 데이터 표가 표시되면 차트의 크기 조절 핸들을 이용하여 차트 크기를 적당히 조절합니다.

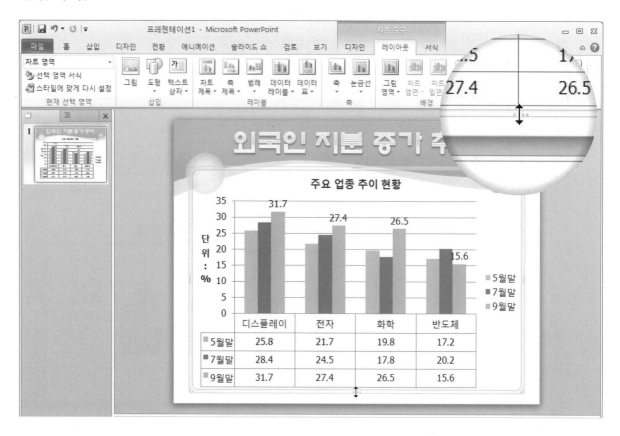

눈금선 지정하기

9 [차트 도구]-[레이아웃] 탭의 [축] 그룹에서 [눈금선] 단추를 클릭하고, [기본 세로 눈금선]-[주 눈금선]을 선택합니다.

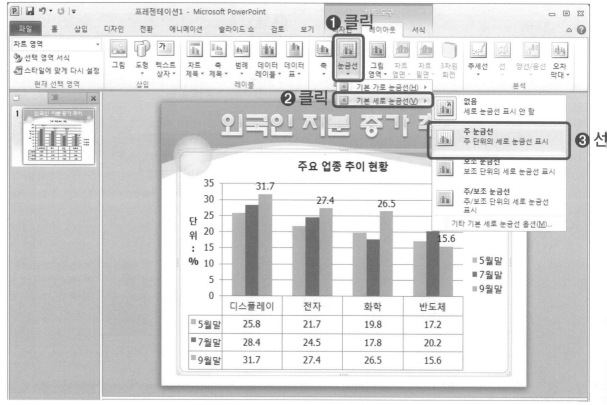

TIP [차트 도구]-[레이아웃] 탭의 [축] 그룹에서 [축🏷] 단추를 클릭하면 차트 각 축(기본 가로 축/기본 세로 축)의 서식과 레이아웃을 변경할 수 있습니다.

⑩ 그 결과 차트에 세로 주 눈금선이 표시되는 것을 확인할 수 있습니다.

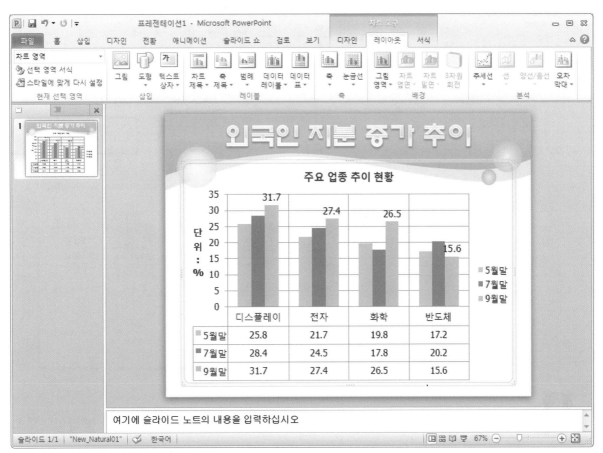

오차 막대 지정하기

11 [차트 도구]-[레이아웃] 탭의 [분석] 그룹에서 [오차 막대] 단추를 클릭하고, [오차 막대(백분율)]을 선택합니다.

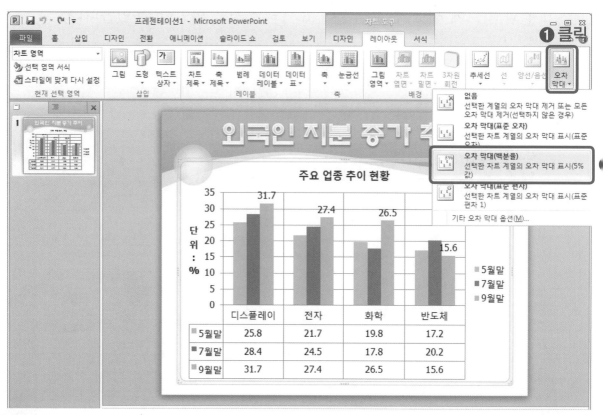

 TIP 오차 막대는 데이터 계열에 있는 각 데이터 요소의 잠재 오차량이나 불확실도를 나타 낸 것으로 차트에 오류 표시줄을 추가합니다.

12 그 결과 차트 계열에 백분율에 대한 오차 막대가 표시되는 것을 확인할 수 있습니다.

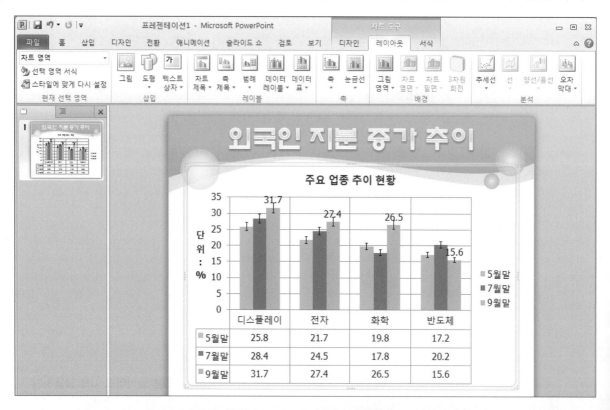

슬라이드 차트 디자인하기

차트의 서식과 디자인은 도형 스타일과 차트 스타일을 이용하여 작성된 차트를 보다 시각적으로 표현할 수 있습니다.

차트 서식 지정하기

1 차트를 선택한 후 [차트 도구]-[서식] 탭의 [도형 스타일] 그룹에서 [도형 채우기
▲도형 채우기▼] 단추를 클릭하고, [그라데이션]-[기타 그라데이션]을 선택합니다.

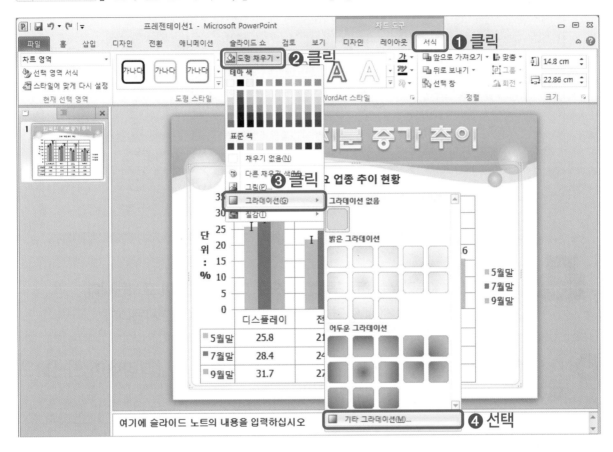

2 [차트 영역 서식] 대화상자의 [채우기] 탭에서 '그라데이션 채우기'를 선택한 후 그라데이션 중지점, 밝기, 투명도를 다음과 같이 지정하고, [닫기] 단추를 클릭합니다.

3 이번에는 차트의 그림 영역을 선택한 후 [도형 스타일] 그룹에서 [도형 채우기 ◈도형 채우기 ▾] 단추를 클릭하고, '노랑'을 선택합니다.

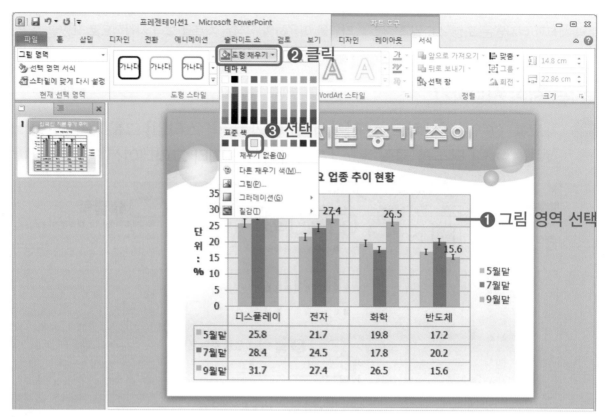

- 그림 영역 : X축과 Y축으로 구성된 곳으로 데이터 계열이 표시됩니다.
- 차트 영역 : 차트의 전체 영역으로 차트의 모든 항목이 표시됩니다.

4 다시 한 번 [도형 채우기 ◈도형 채우기 ▾] 단추를 클릭하고, [그라데이션]-[밝은 그라데이션]-[선형 아래쪽]을 선택합니다.

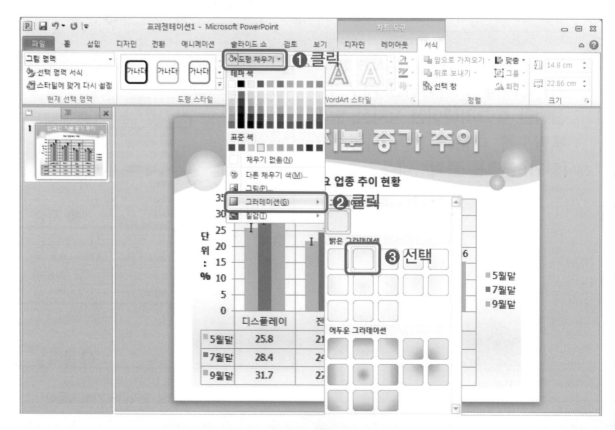

그라데이션

- 그라데이션은 진한 색채로부터 점차 흐려지게 색상의 단계적 변화를 주는 기법입니다.
- 삽입한 도형이나 개체에 색상을 지정한 후 그라데이션(밝은 그라데이션, 어두운 그라데이션)을 선택할 수 있지만 이는 색상에 따라 다르게 나타날 수 있습니다.

5 마지막으로 '5월말' 계열만을 선택한 후 [도형 채우기 ◇도형 채우기 ▼] 단추를 클릭하고, [질감]-[분홍 박엽지]를 선택합니다.

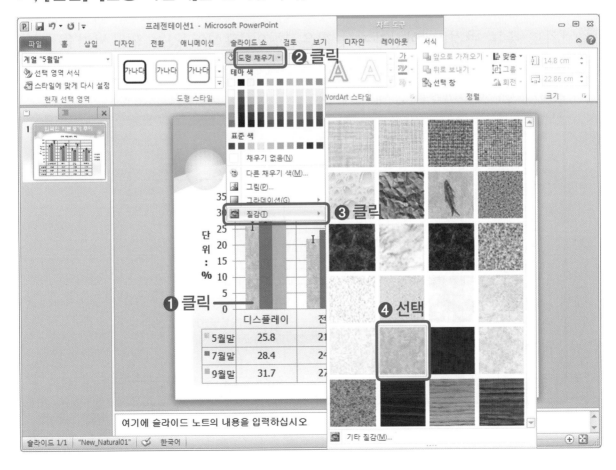

차트 종류 변경하기

6 차트를 선택한 후 [차트 도구]–[디자인] 탭의 [종류] 그룹에서 [차트 종류 변경📊] 단추를 클릭합니다.

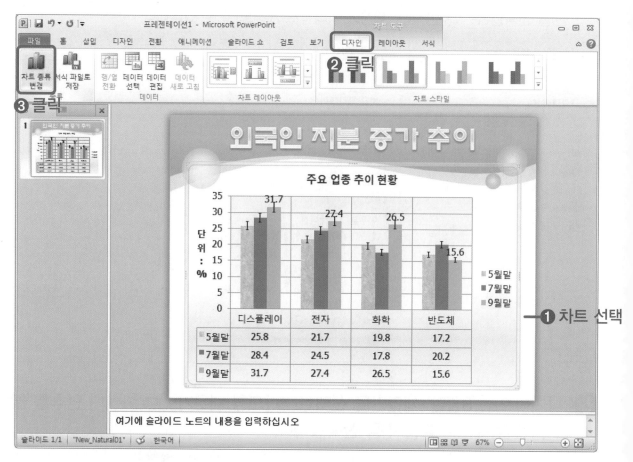

7 [차트 종류 변경] 대화상자에서 꺾은선형의 '표식이 있는 꺾은선형'을 선택하고, [확인] 단추를 클릭합니다.

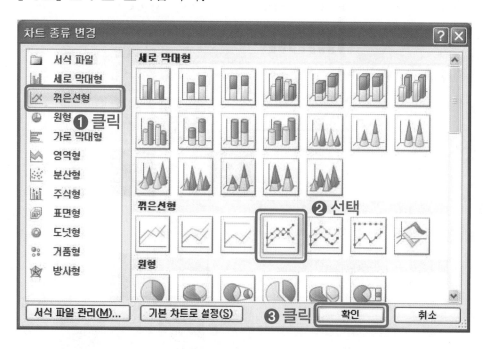

- 세로 막대형 : 여러 항목간의 값을 비교하고 분석할 수 있습니다.
- 꺾은선형 : 일정 기간 동안 변화되는 데이터의 추세를 나타냅니다.
- 원형 : 하나의 데이터 계열로 중요 요소를 강조할 때 사용합니다.
- 가로 막대형 : 특정 기간 값의 변화를 강조합니다.
- 영역형 : 시간 흐름에 따른 각 값의 변화량를 나타냅니다.
- 분산형 : 값을 점으로 비교하며, 데이터의 불규칙한 간격이나 묶음을 나타냅니다.
- 주식형 : 주식의 가격 동향을 나타내거나 온도 변화와 같은 과학 데이터를 표현합니다.
- 표면형 : 데이터 양이 많거나 두 개의 데이터 집합에서 최적의 조합을 찾습니다.
- 도넛형 : 원형 차트를 개선한 것으로 전체 항목에 대한 각 항목의 비율을 나타냅니다.
- 거품형 : 데이터 표식의 크기를 통해 계열간 항목을 비교할 수 있습니다.
- 방사형 : 많은 데이터 계열의 집계 값을 비교할 때 사용합니다.

축 서식 지정하기

⑧ 차트의 세로 (값) 축에서 마우스 오른쪽 단추를 클릭하고, [축 서식]을 선택합니다.

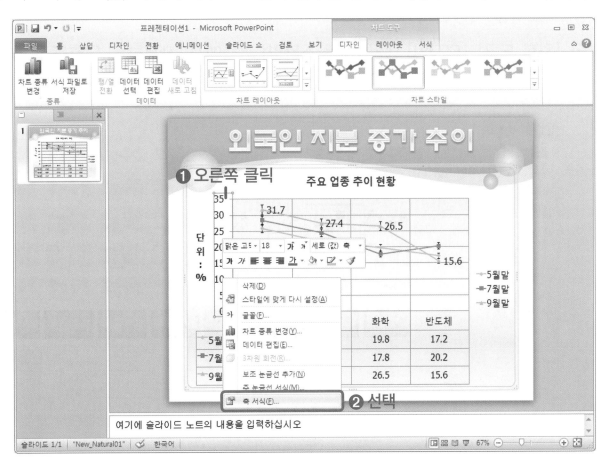

⑨ [축 서식] 대화상자의 [축 옵션] 탭에서 주 단위를 '고정'으로 선택하고, "10"을 입력한 후 [닫기] 단추를 클릭합니다.

차트 스타일 지정하기

⑩ [차트 도구]–[디자인] 탭의 [차트 스타일] 그룹에서 [자세히▾] 단추를 클릭하고, '스타일 18'을 선택합니다.

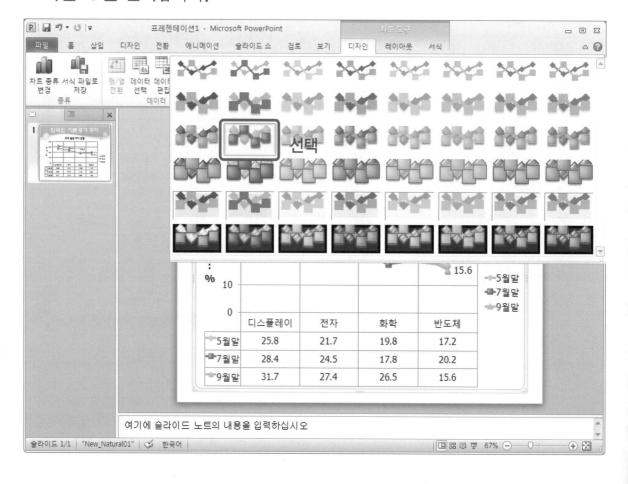

11 그 결과 꺾은선형 차트에 스타일이 적용된 것을 확인할 수 있습니다.

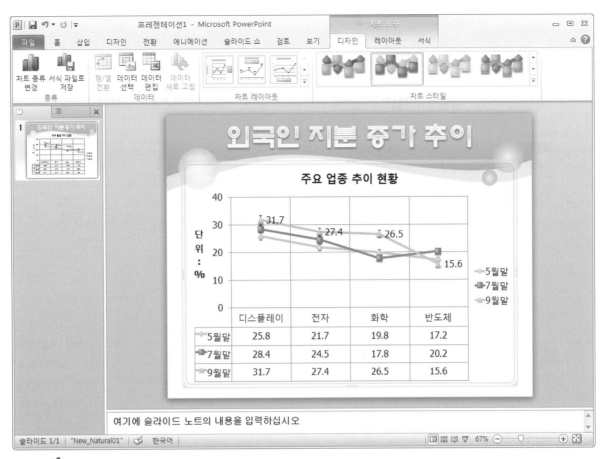

실력 쑥쑥 TIP **차트 레이아웃**

- 슬라이드에 삽입한 차트의 전체 레이아웃을 변경할 수 있으며, 총 11가지의 레이아웃이 있습니다.
- [차트 도구]–[디자인] 탭의 [차트 레이아웃] 그룹에서 [자세히 ▼] 단추를 클릭하고, 원하는 레이아웃(예 : 레이아웃 3)을 선택합니다.

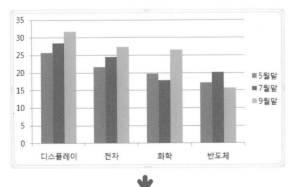

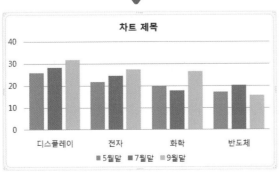

1 '제목 및 내용' 레이아웃에 '약국' 테마를 적용한 후 다음과 같은 차트를 삽입해 보세요.
– 제목 서식 : 글꼴(HY견고딕), 글꼴 크기(44), 글꼴 스타일(텍스트 그림자)

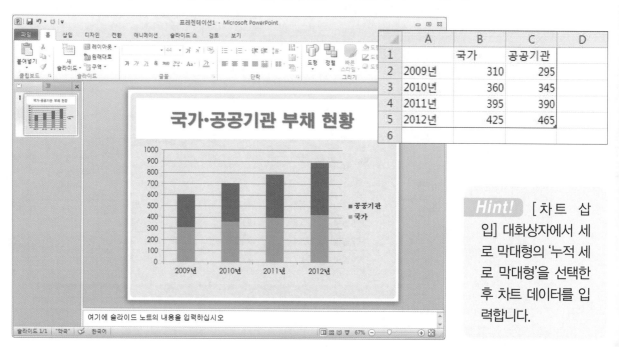

Hint! [차트 삽입] 대화상자에서 세로 막대형의 '누적 세로 막대'을 선택한 후 차트 데이터를 입력합니다.

2 차트에서 차트 제목, 축 제목, 범례를 다음과 같이 지정해 보세요.

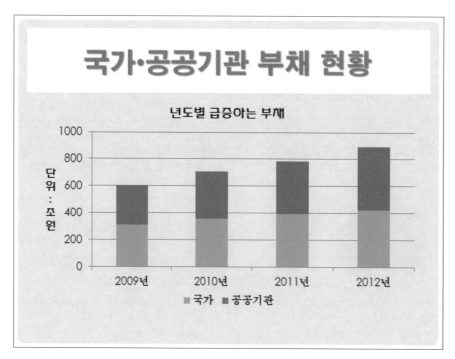

Hint! • [차트 도구]–[레이아웃] 탭의 [레이블] 그룹에서 [차트 제목], [축 제목], [범례] 단추를 각각 클릭하여 지정합니다.
• 차트 제목과 축 제목의 글꼴은 'HY동녘M', 글꼴 크기는 '20', '18'로 지정합니다.

③ 차트에서 범례, 데이터 레이블, 데이터 표, 눈금선을 다음과 같이 지정해 보세요.

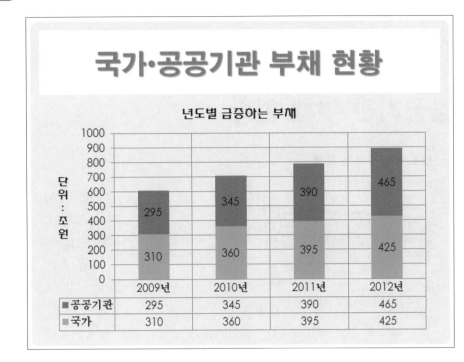

Hint! •[차트 도구]–[레이아웃] 탭의 [레이블] 그룹에서 [범례], [데이터 레이블], [데이터 표] 단추와 [축] 그룹에서 [눈금선] 단추를 각각 클릭하여 지정합니다.
•차트의 크기 조절 핸들을 이용하여 차트 크기를 적당히 조절합니다.

④ 차트에서 다음과 같이 도형 스타일을 지정해 보세요.
– 그림 영역 : 도형 채우기 색은 '주황', [그라데이션]–[밝은 그라데이션]–[선형 위쪽]
– 국가 계열 : [도형 채우기]–[질감]–[작은 물방울]

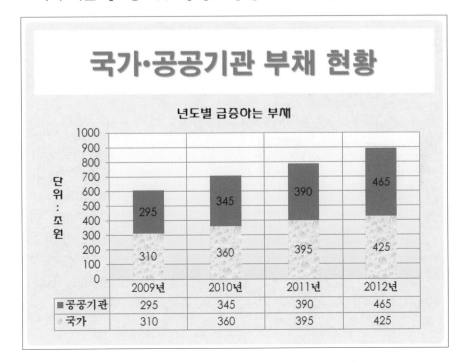

Hint! 그림 영역과 '국가' 계열만을 선택한 후 [차트 도구]–[서식] 탭의 [도형 스타일] 그룹에서 '도형 채우기'를 각각 지정합니다.

5 다음과 같이 차트 종류를 변경한 후 차트 스타일을 지정해 보세요.
  - 차트 종류 : 3차원 누적 영역형
  - 차트 스타일 : 스타일 10

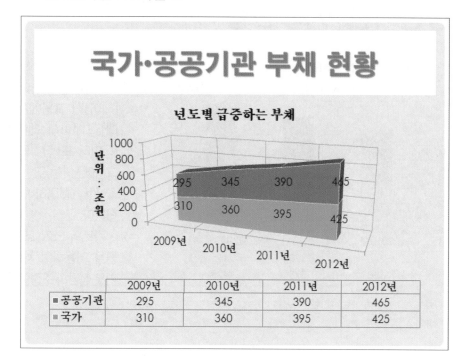

Hint! • 차트 도구]-[디자인] 탭의 [종류] 그룹에서 [차트 종류 변경] 단추를 클릭합니다.
 • [차트 도구]-[디자인] 탭의 [차트 스타일] 그룹에서 '스타일 10'을 선택합니다.

6 차트에서 세로 (값) 축의 주 단위를 다음과 같이 변경해 보세요.

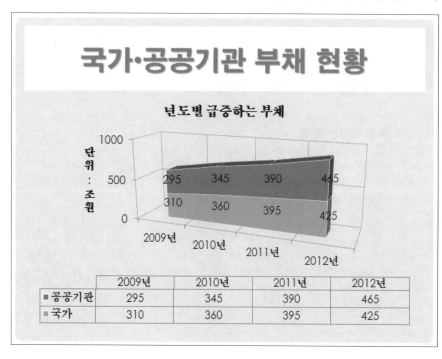

Hint! • 세로 (값) 축의 바로 가기 메뉴에서 [축 서식]을 선택합니다.
 • [축 서식] 대화상자의 [축 옵션] 탭에서 주 단위를 '고정'으로 선택하고, "500"을 입력합니다.

09 장 오디오와 비디오 활용하기

슬라이드에서 시각적인 요소도 중요하지만 여기에 청각적인 요소까지 적용한다면 프레젠테이션의 효과를 더욱 높일 수 있습니다. 이번 장에서는 오디오와 비디오 등을 활용하여 보다 효율적이고, 생생한 프레젠테이션을 만들어 보도록 하겠습니다.

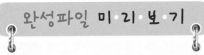

완성파일 미·리·보·기

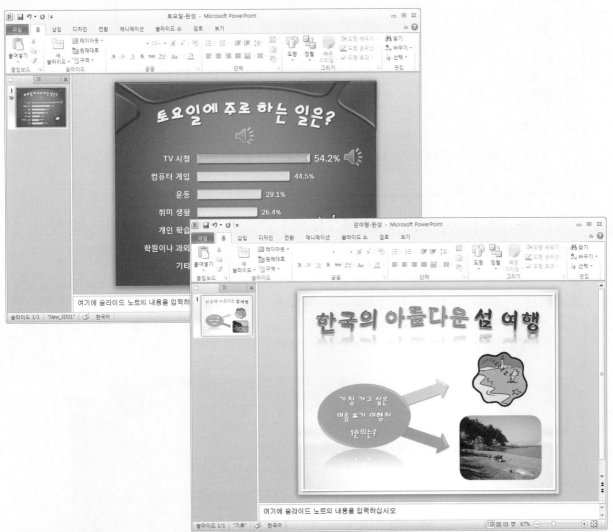

체크포인트

실습1 슬라이드에 오디오 파일과 클립 아트 오디오를 삽입하고, 이를 재생하는 방법에 대하여 알아봅니다

실습2 슬라이드에 비디오 파일과 클립 아트 비디오를 삽입하고, 이를 재생하는 방법에 대하여 알아봅니다.

생생한 소리 삽입하기

슬라이드에 소리와 같은 멀티미디어 효과를 설정한 후 이를 재생하면 프레젠테이션에서 보다 사실적이고, 현장감 있는 효과를 높일 수 있습니다.

소리 파일 삽입하기

① 슬라이드를 불러오기 위하여 [열기] 대화상자에서 찾는 위치(C:₩성안당₩파포 2010₩9장)와 파일 이름(토요일.pptx)을 선택한 후 [열기] 단추를 클릭합니다.

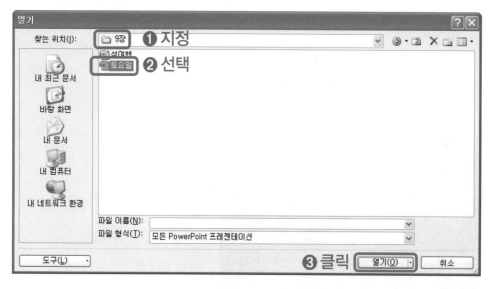

② [삽입] 탭의 [미디어] 그룹에서 [오디오] 단추를 클릭하고, [오디오 파일]을 선택합니다.

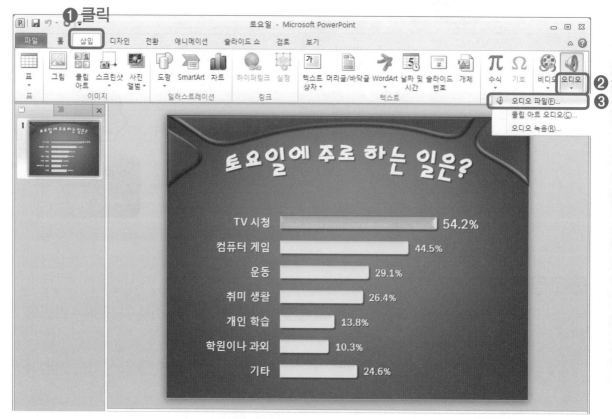

③ [오디오 삽입] 대화상자에서 찾는 위치(C:\성안당\파포2010\9장)와 파일 이름(클래식.wma)을 선택한 후 [삽입] 단추를 클릭합니다.

④ 슬라이드에 소리 모양의 아이콘이 삽입되면 크기와 위치를 적당히 조절합니다.

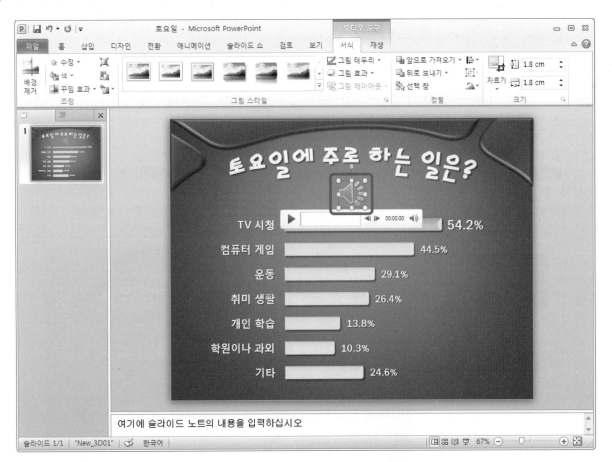

5 [오디오 도구]–[서식] 탭의 [조정] 그룹에서 [색 🖼️색▾] 단추를 클릭하고, 색조의 '온도: 11200 K'를 선택합니다.

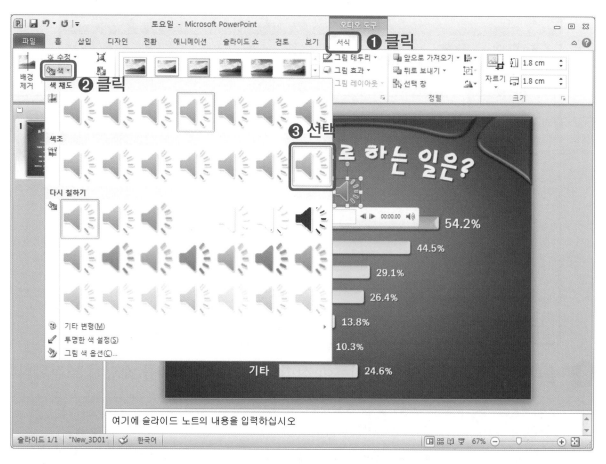

6 이번에는 [오디오 도구]–[재생] 탭의 [오디오 옵션] 그룹에서 시작의 [목록 ▾] 단추를 클릭하고, [자동 실행]을 선택합니다.

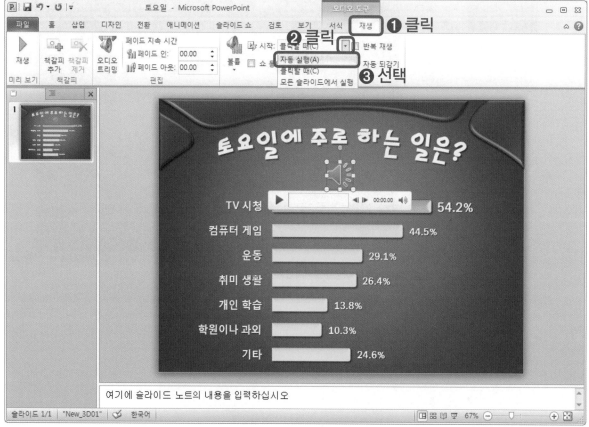

• 자동 실행 : 슬라이드 쇼에서 소리 파일이 삽입된 슬라이드가 실행되면 바로 재생됩니다.

• 클릭할 때 : 슬라이드 쇼에서 마우스로 클릭 시 해당 소리 파일이 재생됩니다.

실력 쑥쑥 TIP **[편집] 그룹/[오디오 옵션] 그룹**

• 오디오 트리밍 : 시작 및 종료 날짜를 지정하여 오디오 클립을 트리밍합니다.

• 페이드 인 : 몇 초의 페이드 효과와 함께 오디오 클립을 시작합니다.

• 페이드 아웃 : 몇 초의 페이드 효과와 함께 오디오 클립을 종료합니다.

• 볼륨 : 오디오 클립의 볼륨을 변경합니다.

• 시작 : 오디오 클립을 클릭할 때 자동으로 재생하거나 여러 슬라이드에서 자동으로 재생합니다.

• 쇼 동안 숨기기 : 슬라이드 쇼를 재생하는 동안 오디오 클립 아이콘을 숨깁니다.

• 반복 재생 : 오디오나 비디오 클립이 중지될 때까지 반복합니다.

• 자동 되감기 : 오디오나 비디오 클립을 재생한 후에 되감습니다.

7 소리를 확인하기 위하여 [미리 보기] 그룹에서 [재생 ▶] 단추를 클릭합니다.

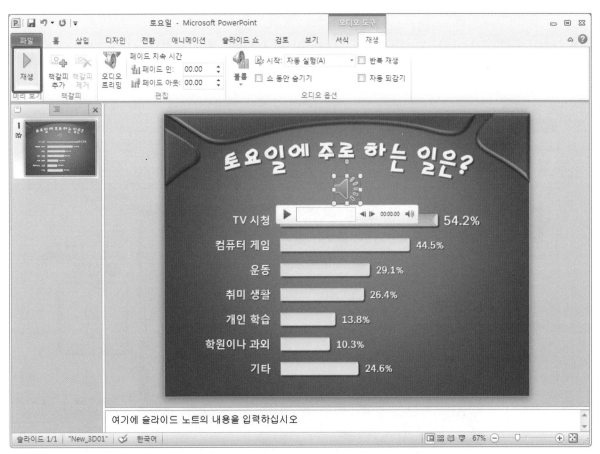

클립 아트 오디오 삽입하기

8 [삽입] 탭의 [미디어] 그룹에서 [오디오 🔊] 단추를 클릭하고, [클립 아트 오디오] 를 선택합니다.

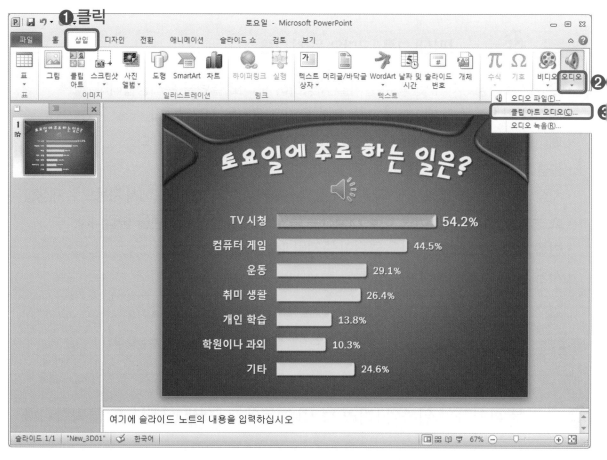

9 클립 아트 작업창이 나타나면 '**신호음**'을 선택한 후 오른쪽 상단 부분에서 [닫기 ✕] 단추를 클릭합니다.

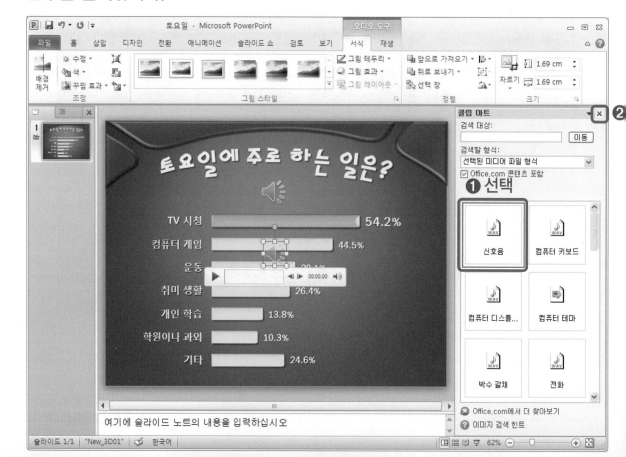

미리 보기/속성

- 클립 아트 작업창에서 원하는 소리 클립을 삽입하기 전에 소리를 미리 확인할 수 있습니다.
- 해당 클립에서 목록 단추를 클릭한 후 [미리 보기/속성]을 선택하면 다음과 같은 대화상자가 나타나면서 선택한 소리를 미리 재생합니다.

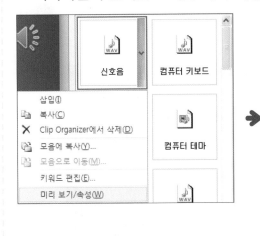 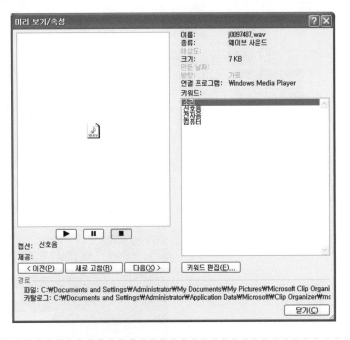

⑩ 슬라이드에 삽입된 소리 아이콘의 크기와 위치를 적당히 조절한 후 [오디오 도구]–[재생] 탭의 [편집] 그룹에서 페이드 인을 '00.75'로 지정하고, [미리 보기] 그룹에서 [재생] 단추를 클릭합니다.

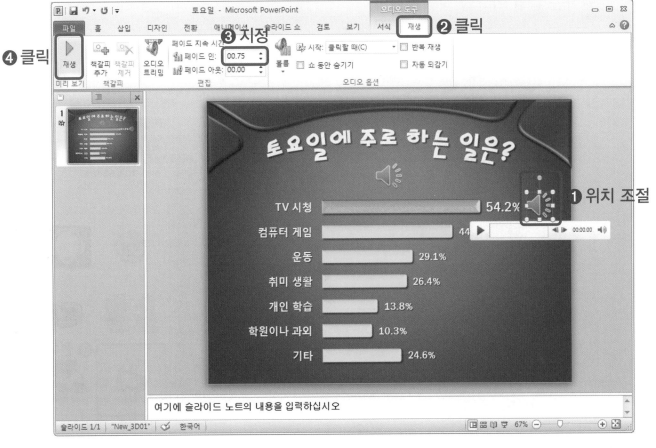

클립 아트에 소리 삽입하기

⑪ [삽입] 탭의 [이미지] 그룹에서 [클립 아트 ▦] 단추를 클릭합니다.

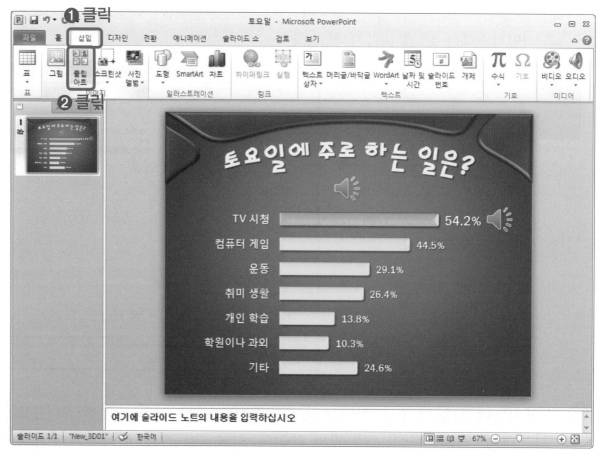

⑫ 클립 아트 작업창의 검색 대상에 "TV"를 입력하고, [이동 이동] 단추를 클릭한 후 원하는 클립 아트를 선택합니다.

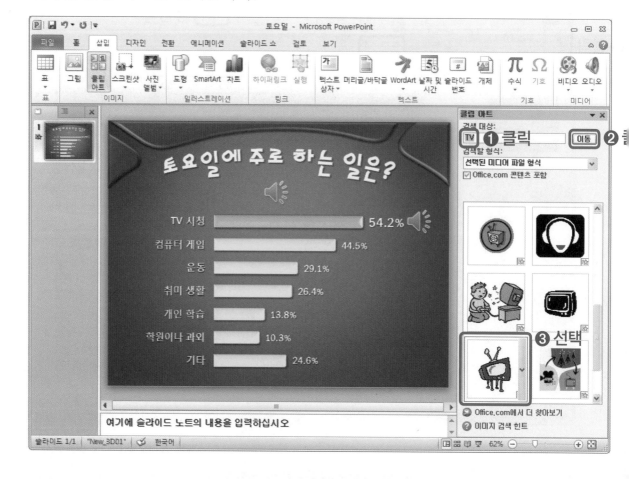

⑬ 클립 아트가 삽입되면 크기와 위치를 적당히 조절한 후 클립 아트 작업창에서 [닫기⊠] 단추를 클릭합니다.

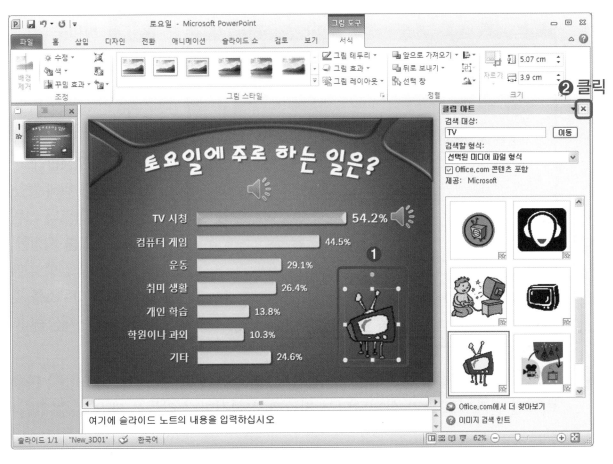

⑭ 클립 아트가 선택된 상태에서 [삽입] 탭의 [링크] 그룹에서 [실행🔆] 단추를 클릭합니다.

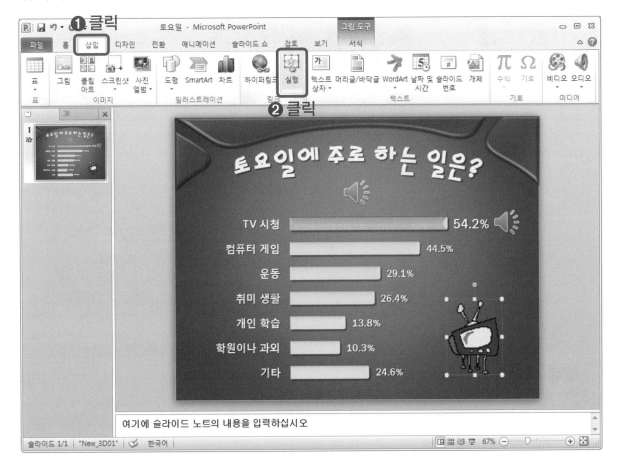

⑮ [실행 설정] 대화상자의 [마우스를 클릭할 때] 탭에서 '소리 재생'과 목록 단추를 클릭하여 '요술봉'을 선택한 후 [확인] 단추를 클릭합니다.

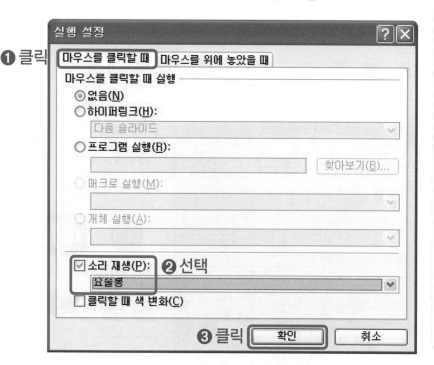

TIP • [마우스를 클릭할 때] 탭 : 클립 아트나 그림 등의 개체에 소리를 지정한 후 슬라이드 쇼를 진행할 때 해당 개체를 마우스로 클릭하면 소리가 재생됩니다.

• [마우스를 위에 놓았을 때] 탭 : 클립 아트나 그림 등의 개체에 소리를 지정한 후 슬라이드 쇼를 진행할 때 해당 개체 위에 마우스를 갖다 놓으면 소리가 재생됩니다.

⑯ [슬라이드 쇼] 탭의 [슬라이드 쇼 시작] 그룹에서 [현재 슬라이드부터📺] 단추를 클릭하면 슬라이드 쇼가 실행되면서 지금까지 설정한 소리들을 재생할 수 있습니다.

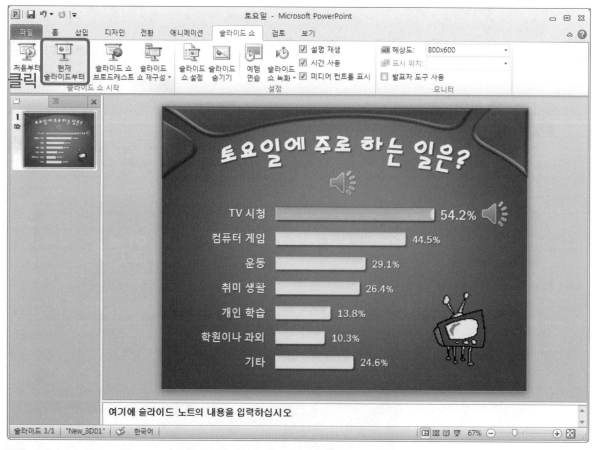

TIP 슬라이드 쇼를 중지하려면 Esc 키를 누릅니다.

움직이는 동영상 삽입하기

동영상은 움직이는 화면으로 슬라이드 쇼를 진행할 때 그림(사진)이나 소리를 통한 전달 표현이 부족한 경우 생생하게 움직이는 동영상을 통해서 보다 효율적으로 정보를 전달할 수 있습니다.

동영상 파일 삽입하기

1 '섬여행.pptx' 파일을 불러온 후 [삽입] 탭의 [미디어] 그룹에서 [비디오 🎬] 단추를 클릭하고, [비디오 파일]을 선택합니다.

2 [비디오 삽입] 대화상자에서 찾는 위치(C:\성안당\파포2010\9장)와 파일 이름(섬.avi)을 선택한 후 [삽입] 단추를 클릭합니다.

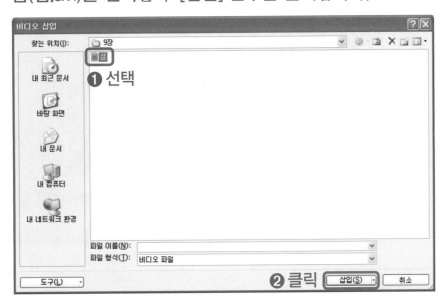

③ 슬라이드에 비디오 파일이 삽입되면 다음과 같이 크기와 위치를 적당히 조절합니다.

④ [비디오 도구]-[서식] 탭의 [비디오 스타일] 그룹에서 [비디오 셰이프 🔲비디오 셰이프 ▾] 단추를 클릭하고, 사각형의 [모서리가 둥근 직사각형🔲]을 선택합니다.

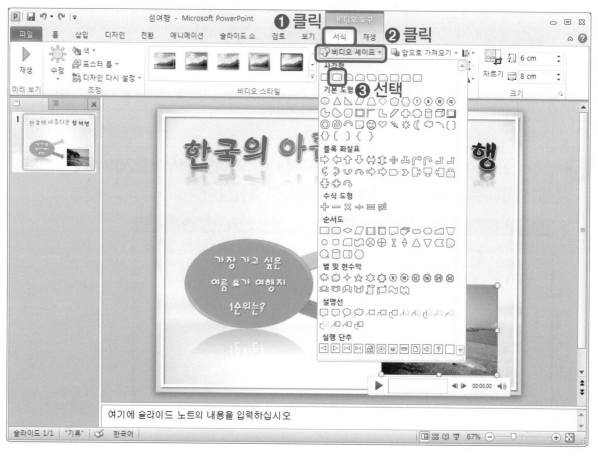

❺ [비디오 도구]–[재생] 탭의 [미리 보기] 그룹에서 [재생 ▶] 단추를 클릭하면 동영상이 실행되는 것을 확인할 수 있습니다.

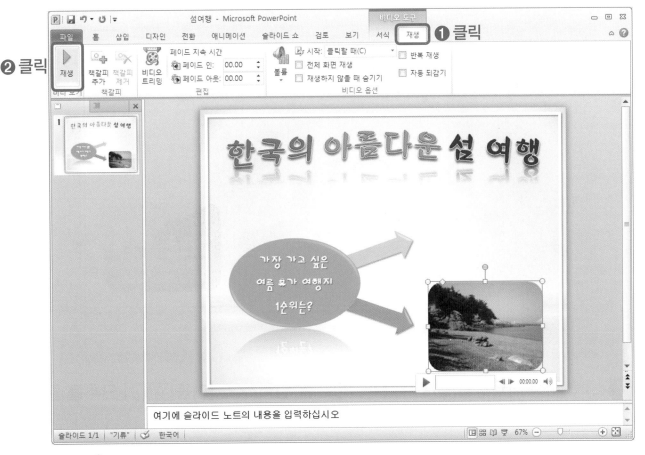

[편집] 그룹/[비디오 옵션] 그룹

• 비디오 트리밍 : 시작 및 종료 날짜를 지정하여 비디오 클립을 트리밍합니다.
• 페이드 인 : 몇 초의 페이드 효과와 함께 비디오 클립을 시작합니다.
• 페이드 아웃 : 몇 초의 페이드 효과와 함께 비디오 클립을 종료합니다.
• 볼륨 : 비디오 클립의 볼륨을 변경합니다.
• 시작 : 비디오 클립을 자동으로 재생하거나 클릭될 때 재생합니다.
• 전체 화면 재생 : 비디오 클립을 전체 화면으로 재생합니다.
• 재생하지 않을 때 숨기기 : 재생 중이지 않으면 비디오 클립을 숨깁니다.
• 반복 재생 : 오디오나 비디오 클립이 중지될 때까지 반복합니다.
• 자동 되감기 : 오디오나 비디오 클립을 재생한 후에 되감습니다.

클립 아트 비디오 삽입하기

⑥ [삽입] 탭의 [미디어] 그룹에서 [비디오🎬] 단추를 클릭하고, [클립 아트 비디오]를 선택합니다.

⑦ 클립 아트 작업창의 검색 대상에 "파도"를 입력하고, [이동 [이동]] 단추를 클릭한 후 원하는 클립 아트를 선택합니다.

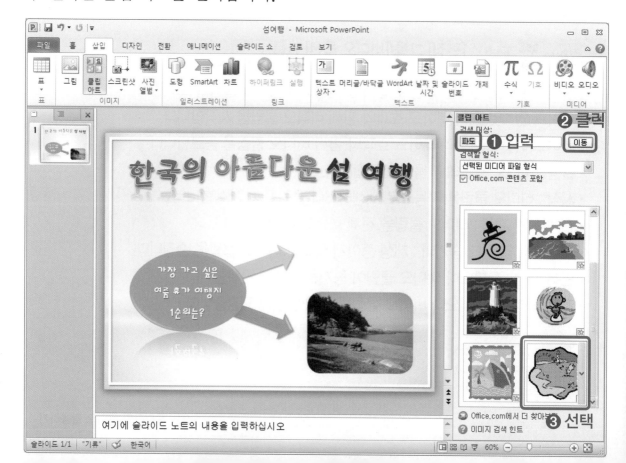

TIP 클립 아트 중에서 움직이는 동영상은 클립 아트 오른쪽 하단에 ⚙ 표시가 나타납니다.

8 클립 아트가 삽입되면 크기와 위치를 적당히 조절한 후 클립 아트 작업창에서 [닫기 ☒] 단추를 클릭합니다.

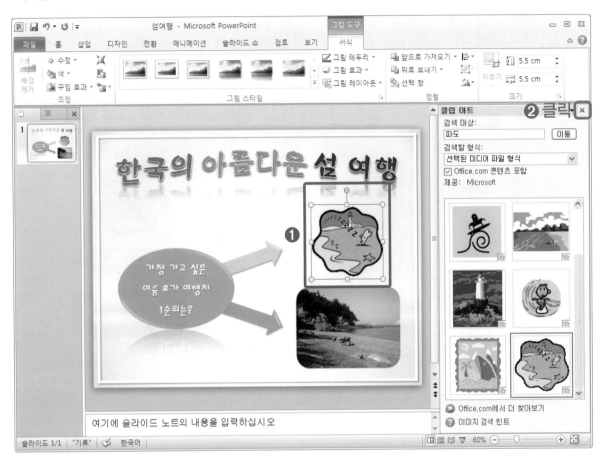

 TIP 슬라이드에서 비디오 파일과 클립 아트 비디오는 정지된 상태로 나타납니다.

⑨ [슬라이드 쇼] 탭의 [슬라이드 쇼 시작] 그룹에서 [현재 슬라이드부터🖳] 단추를 클릭하면 슬라이드 쇼가 실행되면서 지금까지 설정한 동영상들을 재생할 수 있습니다.

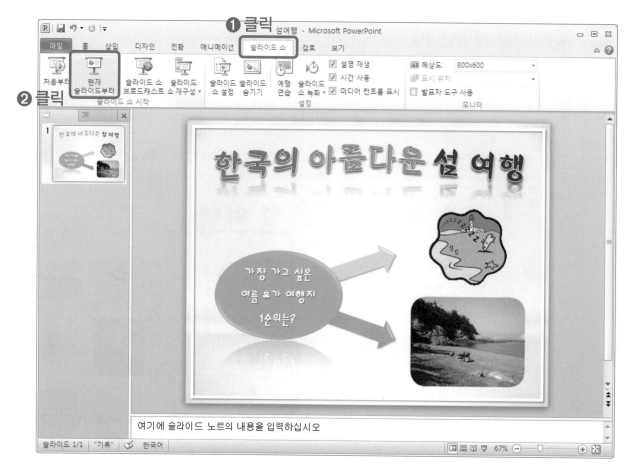

1 '점심.pptx' 파일을 불러온 후 다음과 같이 오디오 파일을 삽입해 보세요.
 – 위치 : C:₩성안당₩파포2010₩9장₩클래식.wma
 – 오디오 시작 방법 : 자동 실행

Hint! • [삽입] 탭의 [미디어] 그룹에서 [오디오] 단추를 클릭하고, [오디오 파일]을 선택합니다.
 • [오디오 도구]–[재생] 탭의 [오디오 옵션] 그룹에서 시작의 [목록] 단추를 클릭하고, [자동 실행]을 선택합니다.

2 슬라이드에 클립 아트 오디오 중 '컴퓨터 디스플레이'를 삽입하고, 페이드 인을 '00.50'으로 지정해 보세요.

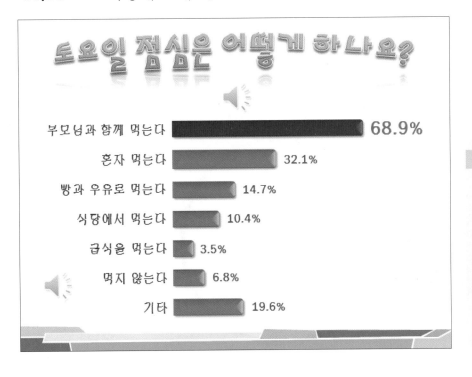

Hint! • [삽입] 탭의 [미디어] 그룹에서 [오디오] 단추를 클릭하고, [클립 아트 오디오]를 선택합니다.
 • [오디오 도구]–[재생] 탭의 [편집] 그룹에서 페이드 인을 '00.50'으로 지정합니다.

3 슬라이드에 다음과 같은 클립 아트(검색 대상 : 식사)를 삽입하고, 마우스 클릭 시 '바람 풍' 소리가 재생되도록 설정해 보세요.

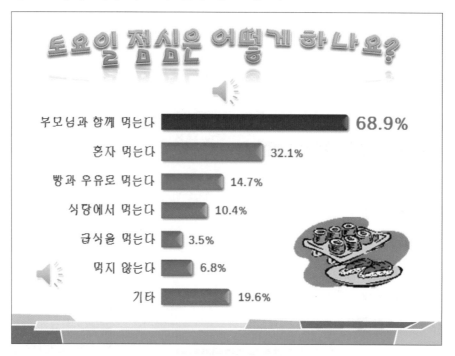

> **Hint!**
> • 클립 아트를 삽입한 후 [삽입] 탭의 [링크] 그룹에서 [실행] 단추를 클릭합니다.
> • [실행 설정] 대화상자의 [마우스를 클릭할 때] 탭에서 '소리 재생'과 '미풍'을 선택합니다.

4 '여름바다.pptx' 파일을 불러온 후 다음과 같이 비디오 파일을 삽입해 보세요.
　 – 위치 : C:₩성안당₩파포2010₩9장₩해변.avi

> **Hint!** [삽입] 탭의 [미디어] 그룹에서 [비디오] 단추를 클릭하고, [비디오 파일]을 선택합니다.

5 슬라이드의 비디오 파일에 다음과 같은 비디오 셰이프를 적용해 보세요.

Hint! [비디오 도구]-[서식] 탭의 [비디오 스타일] 그룹에서 [비디오 셰이프] 단추를 클릭하고, 사각형의 [양쪽 모서리가 둥근 사각형]을 선택합니다.

6 슬라이드에 다음과 같은 클립 아트 비디오(검색 대상 : 바다)를 삽입해 보세요.

Hint!
• [삽입] 탭의 [미디어] 그룹에서 [비디오] 단추를 클릭하고, [클립 아트 비디오]를 선택합니다.
• 클립 아트 작업창의 검색 대상에 "바다"를 입력하고, [이동] 단추를 클릭한 후 해당 클립 아트를 선택합니다.

10 장

애니메이션 효과 활용하기

프레젠테이션 제작 시 애니메이션과 같은 동적인 효과를 적용한다면 청중들의 시선을 보다 빠르게 사로잡고, 내용을 확실하게 전달할 수 있습니다. 이번 장에서는 슬라이드에 동적인 효과를 적용하는 방법에 대하여 살펴보도록 하겠습니다.

완성파일 미·리·보·기

체크포인트

실습1   슬라이드에 화면 전환 효과를 지정하는 방법에 대하여 알아봅니다.

실습2   슬라이드에 다양한 애니메이션 효과를 지정하는 방법에 대하여 알아봅니다.

실습 1 화면 전환 효과 지정하기

화면 전환 효과는 청중들이 프레젠테이션에 집중할 수 있도록 현재 슬라이드에서 다른 슬라이드로 화면이 전환될 때 화면 자체에 애니메이션을 적용하는 기능입니다.

슬라이드 화면 전환하기

1 '주식형 펀드 현황.pptx' 파일을 불러온 후 [전환] 탭의 [슬라이드 화면 전환] 그룹에서 [자세히 ▼] 단추를 클릭합니다.

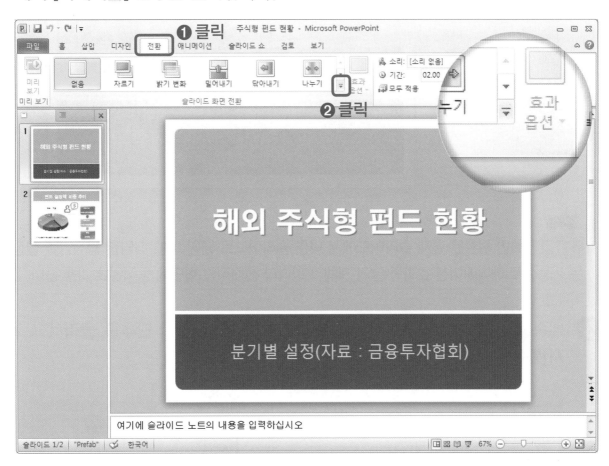

2 화면 전환 효과 목록이 나타나면 [화려한 효과]-[바둑판 무늬]를 선택합니다.

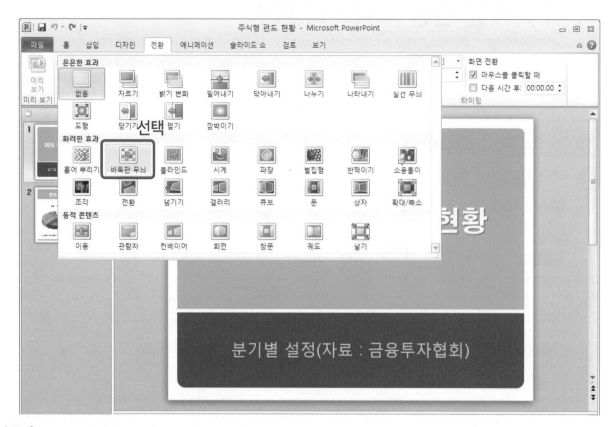

3 계속해서 [슬라이드 화면 전환] 그룹에서 [효과 옵션█] 단추를 클릭하고, [위에서]를 선택합니다.

4 화면 전환에 소리를 설정하기 위하여 [전환] 탭의 [타이밍] 그룹에서 소리의 [목록 ▼] 단추를 클릭하고 [북소리]를 선택합니다.

5 이번에는 화면 전환의 속도(길이)를 설정하기 위하여 [타이밍] 그룹에서 **기간을 '03.00'**으로 **지정**합니다.

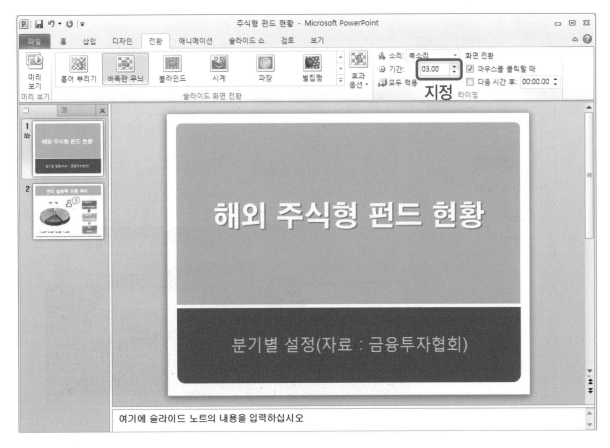

6 화면 전환 효과를 모든 슬라이드에 적용하기 위하여 [타이밍] 그룹에서 [모두 적용 [모두 적용]] 단추를 클릭합니다.

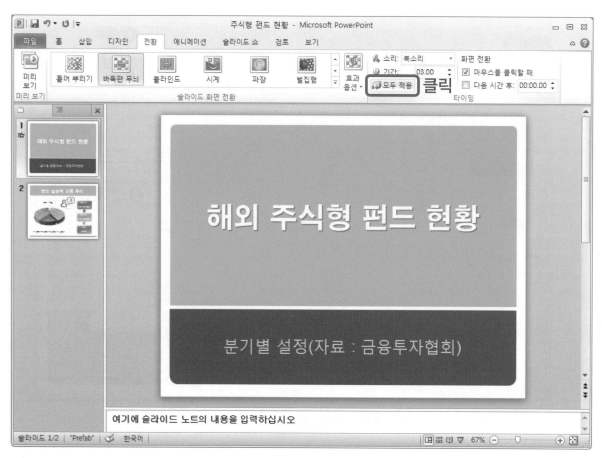

7 지금까지 설정한 화면 전환 효과를 확인하기 위하여 [전환] 탭의 [미리 보기] 그룹에서 [미리 보기] 단추를 클릭합니다.

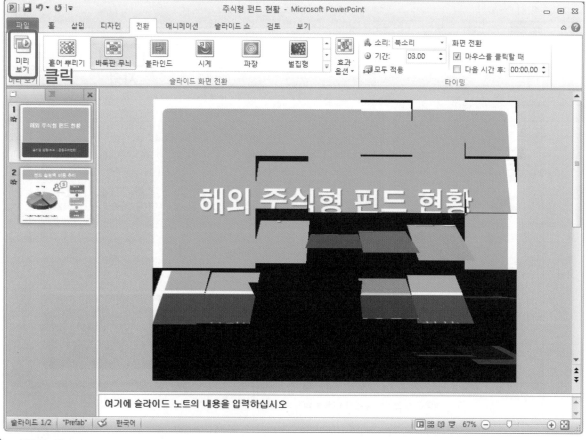

- 소리 : 이전 슬라이드와 현재 슬라이드 사이를 전환하는 동안 재생할 소리를 지정합니다.
- 기간 : 이전 슬라이드와 현재 슬라이드 사이를 전환하는 동안 전환의 길이를 지정합니다.
- 모두 적용 : 현재 슬라이드에 대해 설정한 전환처럼 프레젠테이션의 모든 슬라이드 사이에 전환을 설정합니다.
- 마우스를 클릭할 때 : 마우스를 클릭하여 다음 슬라이드로 이동할 때까지 대기합니다.
- 다음 시간 후 : 몇 초 후에 다음 슬라이드로 이동합니다.

실습2 애니메이션 효과 지정하기

애니메이션은 텍스트, 도형, 차트, 클립 아트 등의 다양한 요소에 움직임과 소리 효과를 주어 슬라이드를 보다 생동감 있게 만드는 것으로 각 개체에 원하는 애니메이션을 지정할 수 있습니다.

애니메이션 지정하기

1 '슬라이드 2'로 이동한 후 첫 번째 애니메이션을 지정할 슬라이드 제목을 선택합니다.

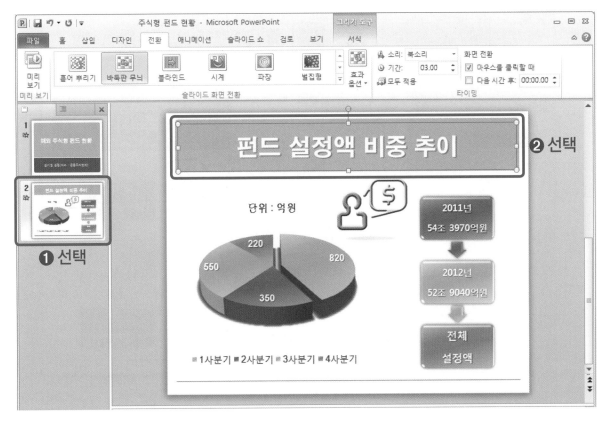

❷ [애니메이션] 탭의 [애니메이션] 그룹에서 [자세히 ⬇] 단추를 클릭하고, [나타내기]-[시계 방향]을 선택합니다.

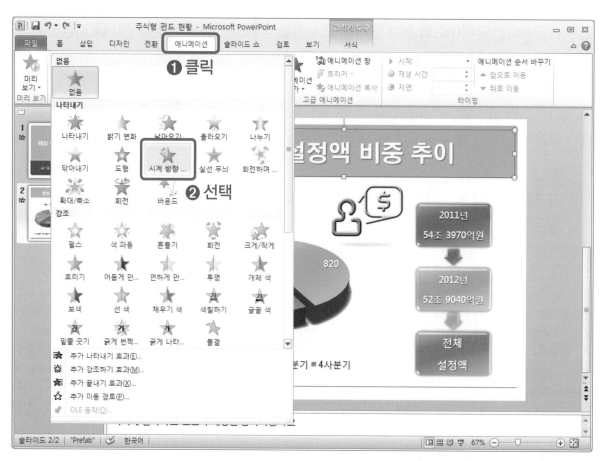

❸ 계속해서 [애니메이션] 그룹에서 [효과 옵션 🔲] 단추를 클릭하고, [살 4개]를 선택합니다.

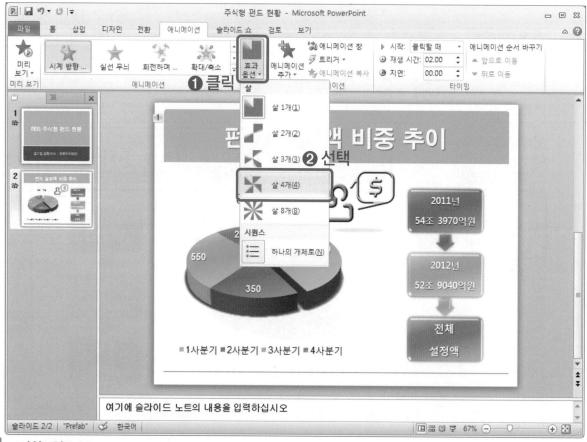

애니메이션 추가하기

4 슬라이드에서 왼쪽 차트를 선택한 후 [애니메이션] 탭의 [고급 애니메이션] 그룹에서 [애니메이션 추가 🔆] 단추를 클릭하고, [추가 나타내기 효과]를 선택합니다.

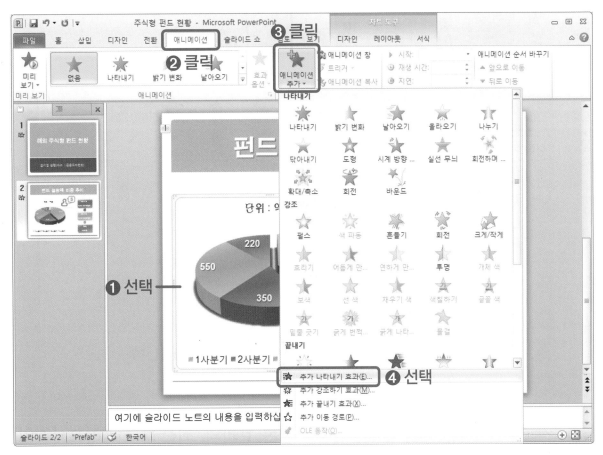

5 [나타내기 효과 추가] 대화상자에서 화려한 효과의 '바람개비'를 선택하고, [확인] 단추를 클릭합니다.

실력 쑥쑥 🌱 TIP **애니메이션 숫자 태그**

- 슬라이드의 여러 개체에 애니메이션을 설정하면 설정 순서에 따라 숫자 태그가 나타납니다.
- 현재 슬라이드에서 애니메이션이 설정되어 있는 경우에는 각 개체의 왼쪽 부분에 숫자 태그(1, 2 ...)가 표시되어 애니메이션이 실행되는 순서를 나타냅니다.
- 해당 숫자 태그를 클릭하면 지정된 애니메이션을 수정할 수 있습니다.

6 이번에는 슬라이드의 오른쪽 SmartArt를 선택한 후 [고급 애니메이션] 그룹에서 [애니메이션 추가 ⭐] 단추를 클릭하고, [추가 강조하기 효과]를 선택합니다.

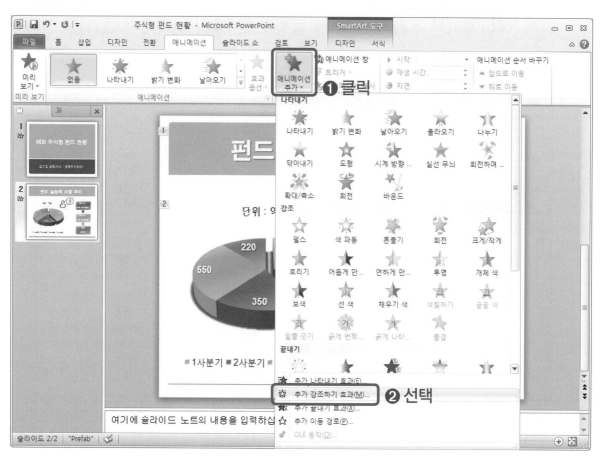

7 [강조하기 효과 추가] 대화상자에서 **기본 효과의 '회전'**을 선택하고, [확인] 단추를 클릭합니다.

8 마지막으로 클립 아트를 선택한 후 [고급 애니메이션] 그룹에서 [애니메이션 추가] 단추를 클릭하고, [추가 끝내기 효과]를 선택합니다.

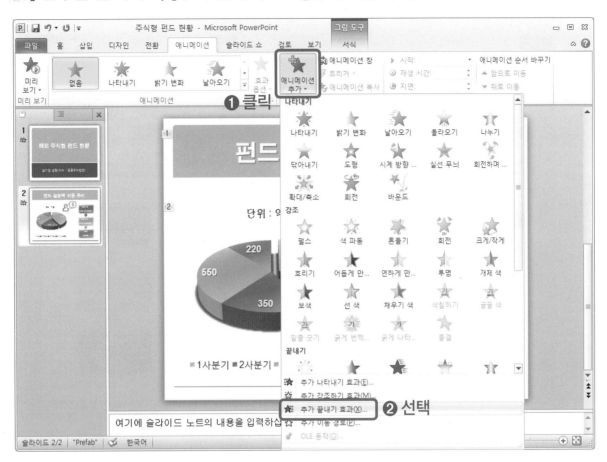

9 [끝내기 효과 추가] 대화상자에서 온화한 효과의 '축소하면서 회전'을 선택하고, [확인] 단추를 클릭합니다.

⑩ 각 개체에 설정한 애니메이션을 확인하기 위하여 [고급 애니메이션] 그룹에서 [애니메이션 창] 단추를 클릭합니다.

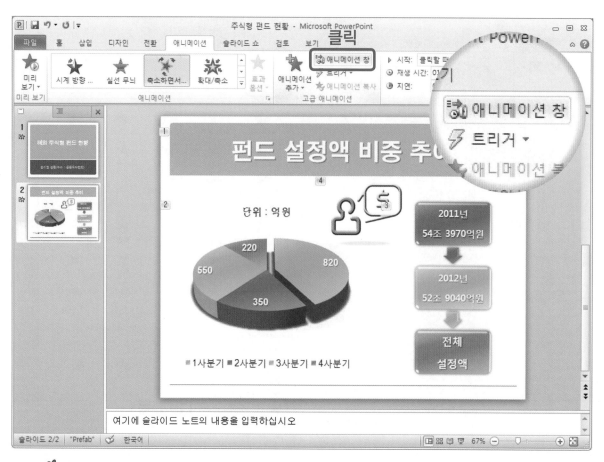

실력 쑥쑥 🌱 TIP **[타이밍] 그룹**

- 시작 : 애니메이션의 재생 시작 시점(클릭할 때, 이전 효과와 함께, 이전 효과 다음에)을 선택합니다.
- 재생 시간 : 애니메이션의 재생 길이를 지정합니다.
- 지연 : 몇 초 후에 애니메이션을 재생합니다.
- 앞으로/뒤로 이동 : 지금보다 일찍/나중에 재생되도록 현재 애니메이션을 이동합니다.

TIP 슬라이드에 애니메이션을 지정할 경우 너무 많은 애니메이션 효과를 주면 청중들을 산만하게 만들 수 있으므로 주의해야 합니다.

11 지금까지 설정한 애니메이션 효과를 확인하기 위하여 [애니메이션] 탭의 [미리 보기] 그룹에서 [미리 보기] 단추를 클릭합니다.

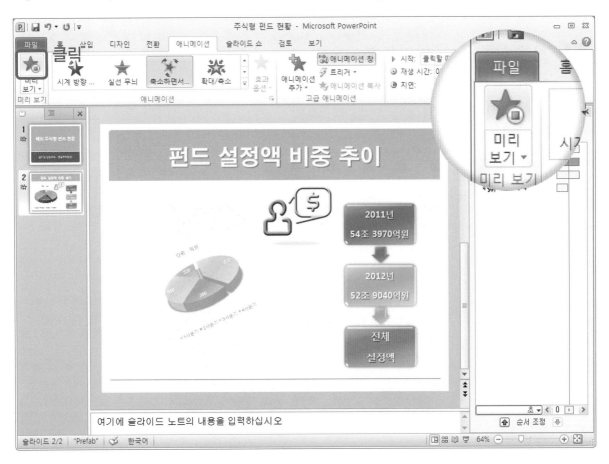

 슬라이드에 설정한 애니메이션 효과를 확인할 경우 애니메이션 창에 있는 [재생 ▶ 재생] 단추를 클릭해도 됩니다.

1 '경제 현황.pptx' 파일을 불러온 후 다음의 화면 전환 효과를 지정해 보세요.
  – 화면 전환 효과 : [화려한 효과]–[소용돌이]
  – 효과 옵션 : 위에서

Hint! [전환] 탭의 [슬라이드 화면 전환] 그룹에서 화면 전환 효과와 효과 옵션을 각각 지정합니다.

2 슬라이드의 화면 전환에 소리는 '바람', 기간은 '05.00'을 지정해 보세요.

Hint! [전환] 탭의 [타이밍] 그룹에서 소리와 기간을 각각 지정합니다.

3 슬라이드 2의 WordArt 제목에는 다음의 애니메이션 효과를 지정해 보세요.

– 애니메이션 효과 : [강조]–[물결]

– 효과 옵션 : 모두 한 번에

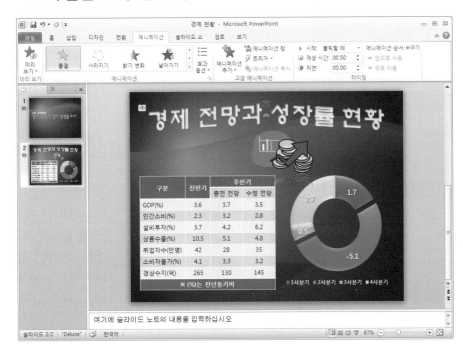

> *Hint!* [애니메이션] 탭의 [애니메이션] 그룹에서 애니메이션 효과와 효과 옵션을 각각 지정합니다.

4 슬라이드에서 표에는 다음의 애니메이션을 추가해 보세요.

– 추가 나타내기 효과 : [기본 효과]–[시계 방향 회전]

– 재생 시간 : 03.00

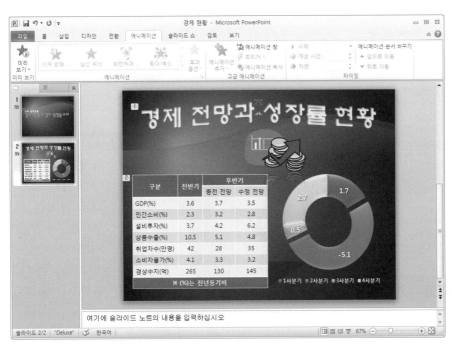

> *Hint!* • [애니메이션] 탭의 [고급 애니메이션] 그룹에서 [애니메이션 추가] 단추를 클릭합니다.
> • [애니메이션] 탭의 [타이밍] 그룹에서 재생 시간을 지정합니다.

5 슬라이드에서 차트에는 다음의 애니메이션을 추가해 보세요.
- 추가 강조하기 효과 : [화려한 효과]–[깜박이기]
- 재생 시간 : 02.00

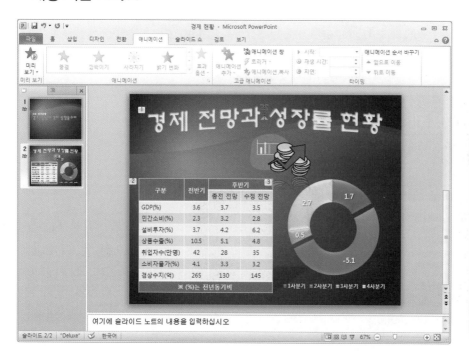

> **Hint!** · [애니메이션] 탭의 [고급 애니메이션] 그룹에서 [애니메이션 추가] 단추를 클릭합니다.
> · [애니메이션] 탭의 [타이밍] 그룹에서 재생 시간을 지정합니다.

6 슬라이드에서 클립 아트에는 다음의 애니메이션을 추가해 보세요.
- 추가 끝내기 효과 : [은은한 효과]–[밝기 변화]
- 재생 시간 : 01.00

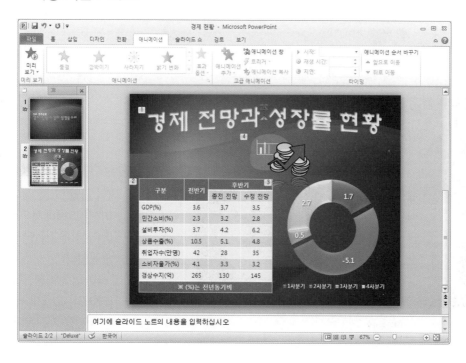

> **Hint!** · [애니메이션] 탭의 [고급 애니메이션] 그룹에서 [애니메이션 추가] 단추를 클릭합니다.
> · [애니메이션] 탭의 [타이밍] 그룹에서 재생 시간을 지정합니다.

11장 슬라이드 쇼 진행하기

청중들에게 프레젠테이션을 발표하기 위해서는 슬라이드 쇼를 실행해야 하는데 하이퍼링크나 실행 단추는 슬라이드 쇼를 진행하면서 다른 슬라이드로 바로 이동할 수 있는 기능입니다. 이번 장에서는 슬라이드 쇼의 전반적인 기능에 대하여 살펴보도록 하겠습니다.

완성파일 미·리·보·기

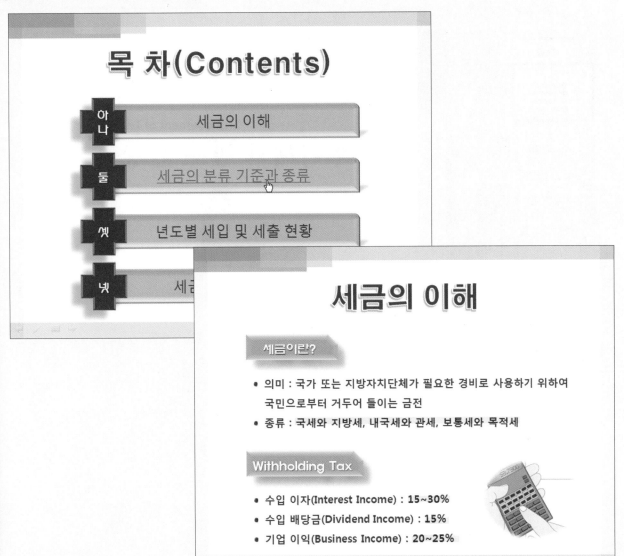

체·크·포·인·트

실습1 특정 슬라이드에서 하이퍼링크와 실행 단추를 삽입하는 방법에 대하여 알아봅니다.

실습2 슬라이드 쇼 실행과 예행 연습에 필요한 여러 가지 방법에 대하여 알아봅니다.

하이퍼링크와 실행 단추 삽입하기

프레젠테이션을 하기 전에 특정 슬라이드에 하이퍼링크나 실행 단추를 삽입하면 슬라이드 쇼를 보다 효율적으로
진행할 수 있습니다.

하이퍼링크 설정하기

1 '세금 현황.pptx' 파일을 불러온 후 슬라이드 탭에서 '슬라이드 2'를 선택합니다.

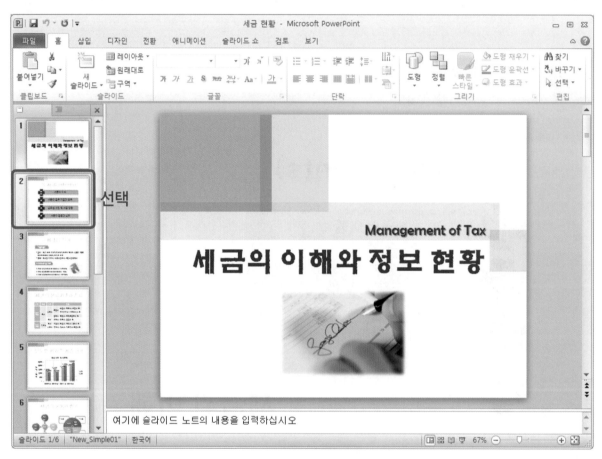

② 두 번째 목차에 있는 내용을 마우스로 드래그하여 범위 지정한 후 [삽입] 탭의 [링크] 그룹에서 [하이퍼링크 🌐] 단추를 클릭합니다.

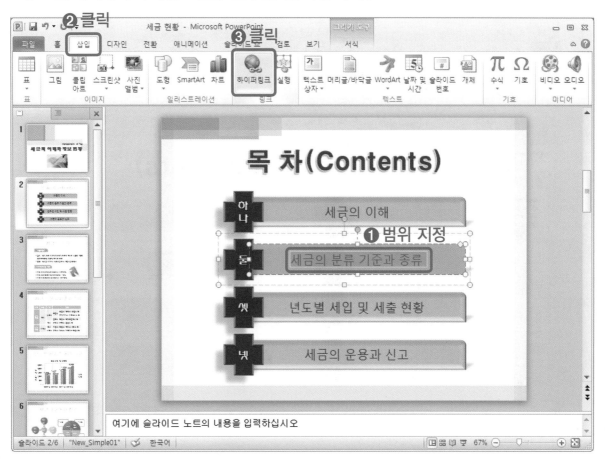

 TIP 하이퍼링크는 같은 프레젠테이션에서 다른 슬라이드에 연결하거나 다른 프레젠테이션에서 슬라이드, 전자 메일 주소, 웹 페이지, 파일 등에 연결하는 기능입니다.

③ [하이퍼링크 삽입] 대화상자에서 연결 대상은 '현재 문서'로, 이 문서에서 위치 선택은 '슬라이드 4'로 선택한 후 [확인] 단추를 클릭합니다.

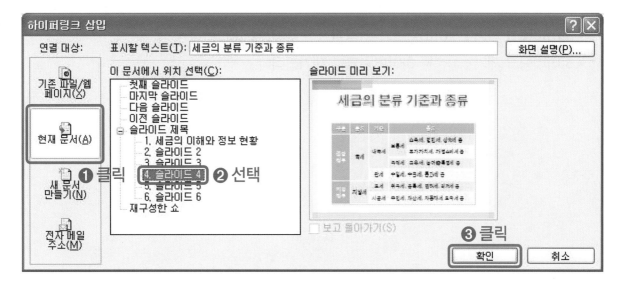

4 그 결과 하이퍼링크가 설정된 텍스트에는 변경된 **글꼴 색과 밑줄**이 표시되어 나타납니다.

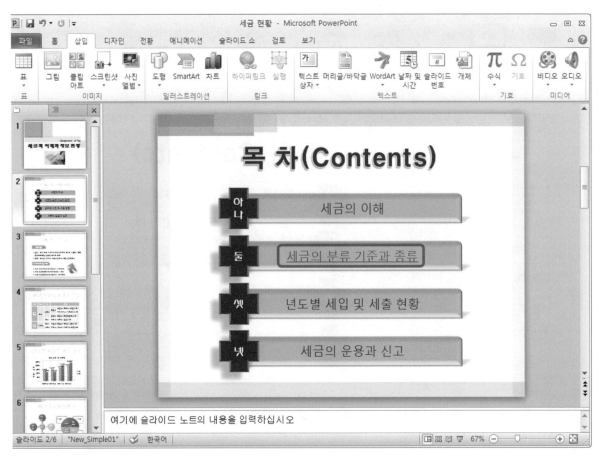

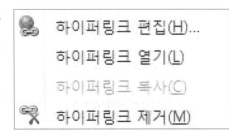 **TIP** **하이퍼링크 편집**

하이퍼링크가 설정된 텍스트나 개체에서 마우스 오른쪽 단추를 클릭하면 하이퍼링크를 편집할 수 있는 바로 가기 메뉴가 나타납니다.

- 하이퍼링크 편집 : 하이퍼링크를 수정할 수 있는 [하이퍼링크 편집] 대화상자가 나타납니다.
- 하이퍼링크 열기 : 하이퍼링크가 연결된 곳으로 이동합니다.
- 하이퍼링크 제거 : 설정된 하이퍼링크를 제거합니다.

5 하이퍼링크를 확인하기 위하여 [슬라이드 쇼] 탭의 [슬라이드 쇼 시작] 그룹에서 [현재 슬라이드부터] 단추를 클릭합니다.

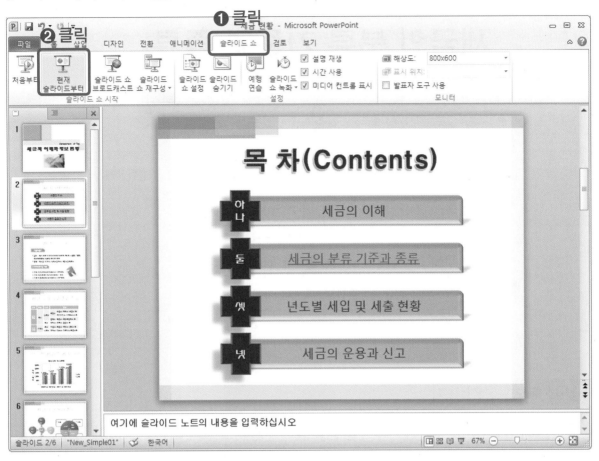

TIP 현재 '슬라이드 2'가 선택되어 있으므로 현재 슬라이드부터 슬라이드 쇼를 실행하면 '슬라이드 2'가 전체 화면으로 나타납니다.

6 슬라이드 쇼가 실행되면 하이퍼링크가 설정된 텍스트를 마우스로 클릭합니다.

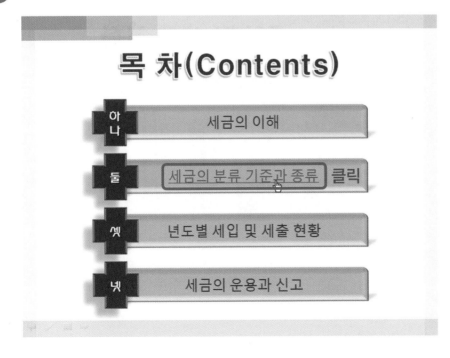

7 그 결과 하이퍼링크가 설정된 '슬라이드 4'로 이동되는 것을 확인할 수 있습니다.

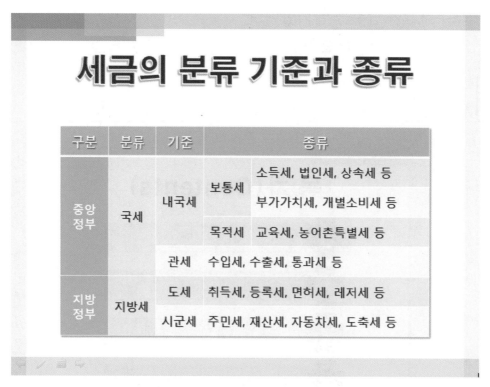

실행 단추 삽입하기

8 '슬라이드 5'로 이동한 후 [삽입] 탭의 [일러스트레이션] 그룹에서 [도형⚙] 단추를 클릭하고, 실행 단추의 [실행 단추: 홈🏠]을 선택합니다.

⑨ 마우스 포인터가 '+' 모양으로 변경되면 슬라이드에 적당한 크기로 드래그하여 삽입합니다.

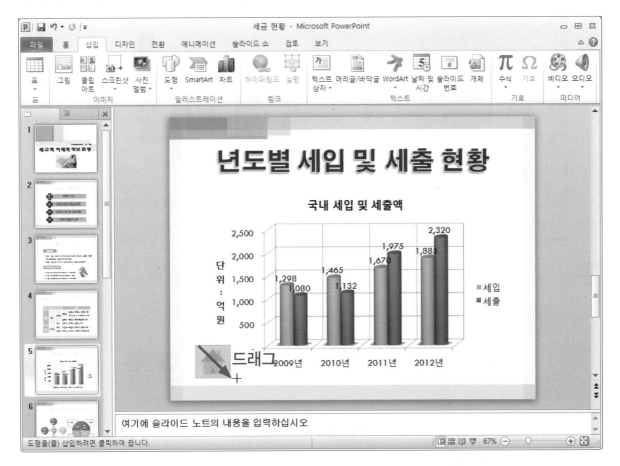

⑩ [실행 설정] 대화상자의 [마우스를 클릭할 때] 탭에서 '하이퍼링크'와 '첫째 슬라이드'를 선택하고, [확인] 단추를 클릭합니다.

TIP 슬라이드에 실행 단추를 삽입하면 해당 실행 단추에 따라 자동으로 [실행 설정] 대화상자가 나타납니다.

⑪ 실행 단추를 확인하기 위하여 [슬라이드 쇼] 탭의 [슬라이드 쇼 시작] 그룹에서
[현재 슬라이드부터 🖵] 단추를 클릭합니다.

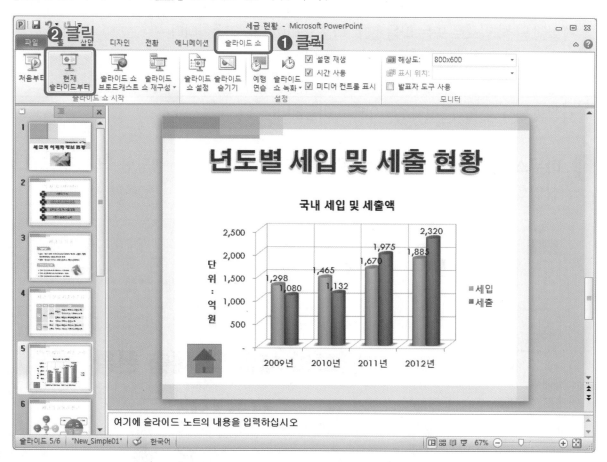

⑫ 슬라이드 쇼가 실행되면 실행 단추를 마우스로 클릭합니다.

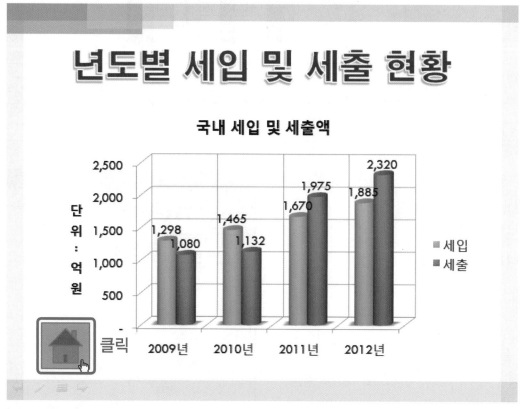

 TIP 그 결과 실행 단추에서 설정한 첫째 슬라이드(슬라이드 1)로 이동되는 것을 확인할 수
있습니다.

슬라이드 쇼와 예행 연습하기

슬라이드 쇼는 청중(대중)을 위해 준비한 프레젠테이션을 화면으로 보여주기 위한 작업으로 철저한 사전 준비와 예행 연습을 통해 발생할 수 있는 시행착오를 최소화해야 합니다.

슬라이드 쇼 진행하기

1 '슬라이드 1'로 이동한 후 [슬라이드 쇼] 탭의 [슬라이드 쇼 시작] 그룹에서 [처음부터] 단추를 클릭합니다.

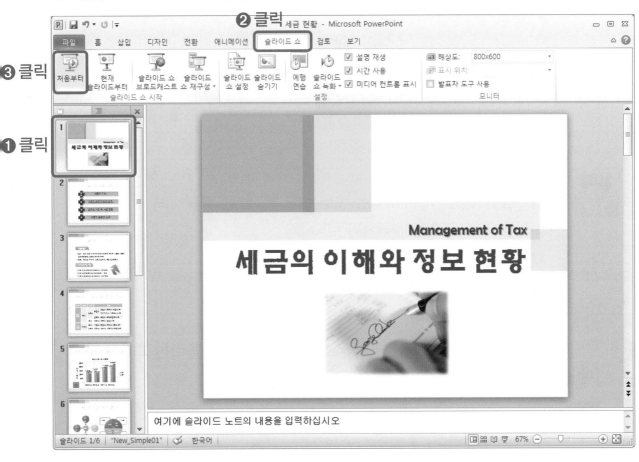

 TIP 상태 표시줄의 보기 단추 중 [슬라이드 쇼] 단추를 클릭하거나 F5 키를 누르면 슬라이드 쇼를 바로 실행할 수 있습니다.

② 다음과 같이 '슬라이드 1'부터 슬라이드 쇼가 실행되면 **마우스로 화면을 클릭하거나** Enter **키를 누릅니다.**

- 다음 슬라이드로 이동 : 마우스 클릭, Enter , Space Bar , Page Down
- 이전 슬라이드로 이동 : Back Space , Page Up
- 슬라이드 쇼 종료 : Esc , Ctrl + Break

포인터 옵션 사용하기

③ '슬라이드 2'의 임의의 화면에서 **마우스 오른쪽 단추를 클릭한 후 [포인터 옵션]-[펜]을 선택합니다.**

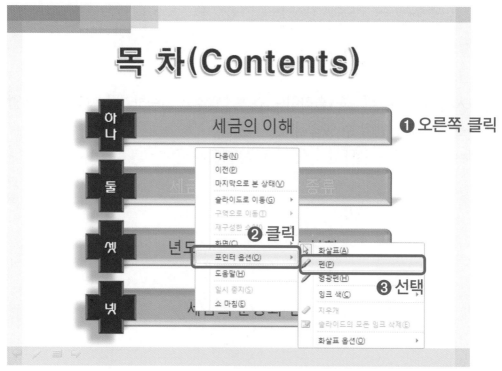

4 마우스 포인터가 변경되면 중요 부분을 마우스로 드래그하여 표시한 후 Enter 키를 누릅니다.

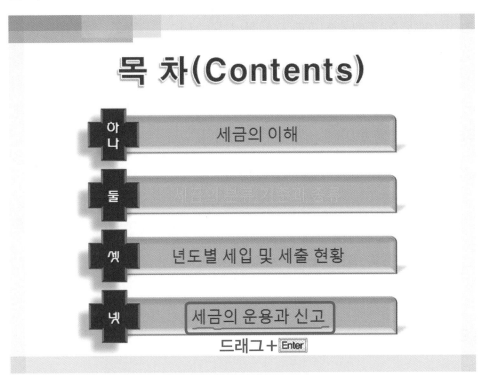

5 '슬라이드 3'으로 이동한 후 포인터 옵션을 변경하기 위하여 화면의 **바로 가기 메뉴**에서 [포인터 옵션]-[형광펜]을 선택합니다.

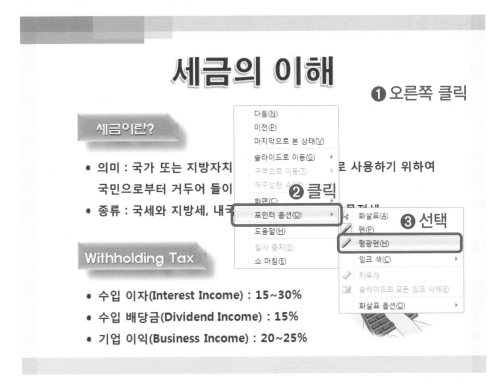

- 화살표 : 다음 슬라이드로 이동하거나 다음 애니메이션을 실행합니다.
- 펜/형광펜 : 슬라이드에 펜/형광펜 형식으로 표시할 수 있습니다.
- 잉크 색 : 슬라이드에 표시하는 잉크(펜/형광펜)의 색상을 변경할 수 있습니다.
- 지우개 : 슬라이드에 표시한 펜/형광펜 등을 선택하여 지울 수 있습니다.
- 슬라이드의 모든 잉크 삭제 : 슬라이드에 표시한 모든 잉크를 한꺼번에 지울 수 있습니다.
- 화살표 옵션 : 마우스 포인터를 보이거나 숨길 수 있습니다.

6 마찬가지로 마우스 포인터가 변경되면 중요 부분을 **마우스로 드래그하여 표시한** 후 Enter 키를 누릅니다.

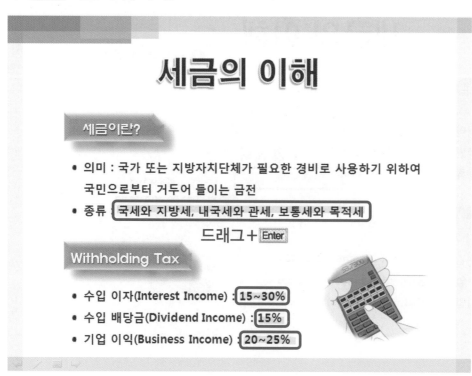

7 마지막 슬라이드까지 `Enter` 키를 누르면 슬라이드 쇼가 종료되는데 이때, 잉크 주석의 유지를 묻는 대화상자가 나타나면 [아니요] 단추를 클릭합니다.

TIP　슬라이드 쇼에서 펜, 형광펜 등으로 슬라이드에 잉크를 표시한 후 슬라이드 쇼를 종료하면 잉크 주석의 유지를 묻는 대화상자가 나타나는데 이때, [예] 단추를 클릭하면 기본 슬라이드에 잉크 주석이 표시되어 나타납니다.

슬라이드 예행 연습하기

8 [슬라이드 쇼] 탭의 [설정] 그룹에서 [예행 연습] 단추를 클릭합니다.

⑨ 슬라이드 쇼가 실행되면서 화면 왼쪽 상단에 **현재 슬라이드의 녹화 시간**이 표시됩니다.

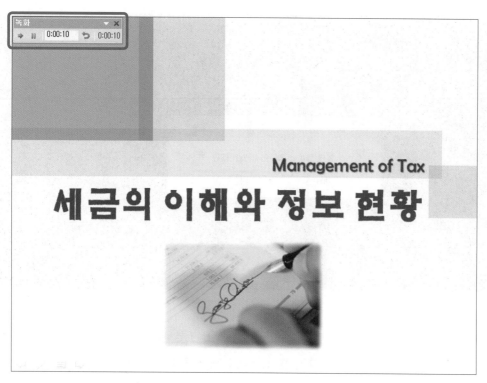

⑩ 모든 슬라이드 쇼가 종료되면 **슬라이드 쇼에 걸린 시간과 슬라이드 쇼 실행 시 시간의 사용 유무**를 묻는 대화상자에서 [예] 단추를 클릭합니다.

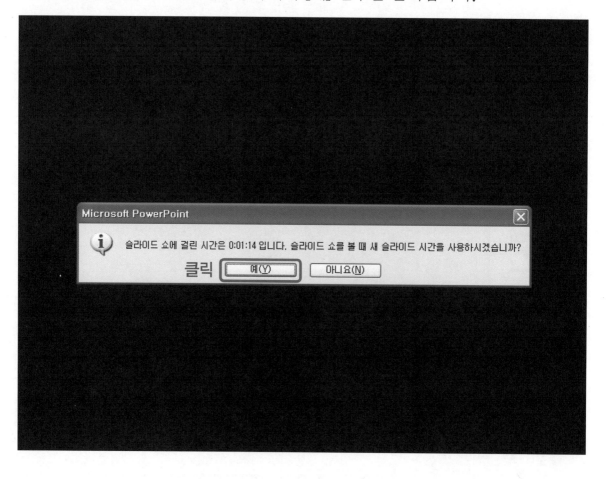

⑪ 여러 슬라이드 보기 화면이 나타나면서 각 슬라이드마다 녹화 시간이 표시됩니다. 이때, 처음 슬라이드 보기 화면으로 돌아가려면 보기 단추 중 [기본 ⊞] 단추를 클릭합니다.

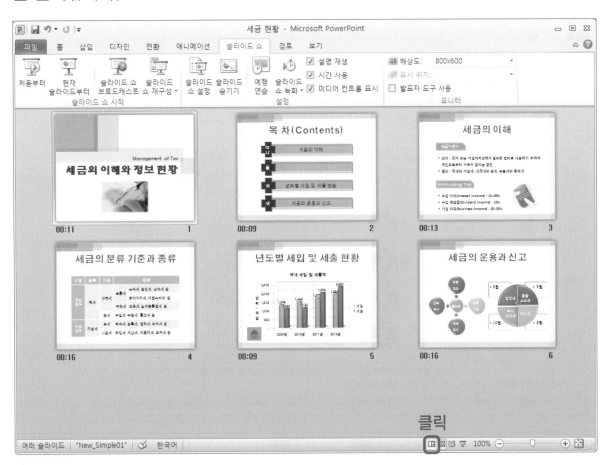

실력 쑥쑥 🌱 TIP **[설정] 그룹**

- 슬라이드 쇼 설정 : 슬라이드 쇼에 대한 고급 옵션을 설정합니다.
- 슬라이드 숨기기 : 프레젠테이션에서 현재 선택한 슬라이드를 숨깁니다.
- 예행 연습 : 프레젠테이션의 예행 연습을 할 수 있는 전체 화면 슬라이드 쇼를 시작합니다.
- 슬라이드 쇼 녹화 : 슬라이드 쇼에서 재생할 오디오 설명, 레이저 포인터 동작, 시간을 레코딩합니다.
- 설명 재생 : 슬라이드 쇼 동안 오디오 설명 및 레이저 포인터 동작을 재생합니다.
- 시간 사용 : 슬라이드 쇼 동안 슬라이드 및 애니메이션 시간을 재생합니다.
- 미디어 컨트롤 표시 : 슬라이드 쇼 동안 포인터를 오디오 및 비디오 클립 위로 이동할 때 재생 컨트롤을 표시합니다.

1 '세금 정보.pptx' 파일을 불러온 후 '슬라이드 2'의 세 번째 목차에 하이퍼링크(슬라이드 5)를 설정해 보세요.

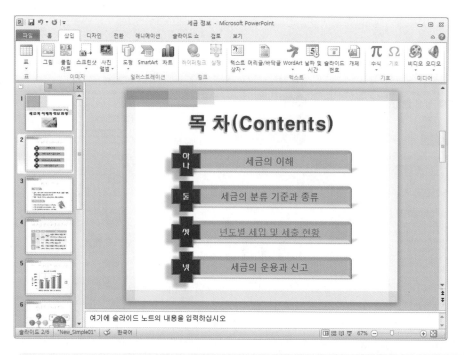

Hint! • 목차 내용을 범위 지정한 후 [삽입] 탭의 [링크] 그룹에서 [하이퍼링크] 단추를 클릭합니다.
• [하이퍼링크 삽입] 대화상자에서 연결 대상을 '현재 문서'로, 이 문서에서 위치 선택을 '슬라이드 5'로 선택합니다.

2 '슬라이드 3'에서 이전 슬라이드로 이동하는 실행 단추를 삽입해 보세요.

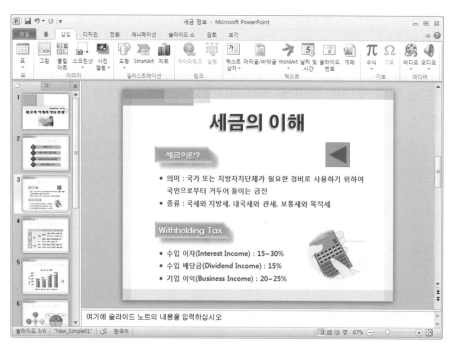

Hint! • [도형] 단추에서 실행 단추의 [실행 단추: 뒤로 또는 이전]을 삽입합니다.
• [실행 설정] 대화상자의 [마우스를 클릭할 때] 탭에서 '하이퍼링크'와 '이전 슬라이드'를 선택합니다.

3 '슬라이드 5'에서 첫째 슬라이드로 이동하는 실행 단추를 삽입해 보세요.

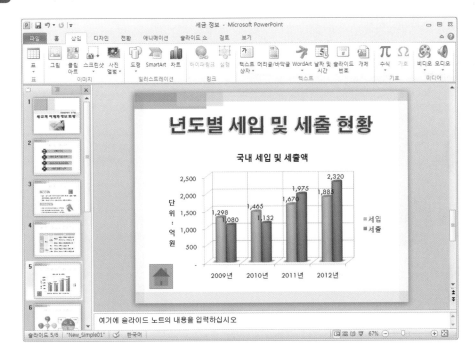

Hint! • [도형] 단추에서 실행 단추의 [실행 단추: 홈]을 삽입합니다.
• [실행 설정] 대화상자의 [마우스를 클릭할 때] 탭에서 '하이퍼링크'와 '첫째 슬라이드'를 선택합니다.

4 슬라이드 쇼를 실행한 후 '슬라이드 4'에서 펜을 이용하여 중요 부분을 다음과 같이 표시해 보세요.

세금의 분류 기준과 종류

구분	분류	기준	종류
중앙 정부	국세	내국세	보통세
			소득세, 법인세, 상속세 등
			부가가치세, 개별소비세 등
		목적세	교육세, 농어촌특별세 등
	관세		수입세, 수출세, 통과세 등
지방 정부	지방세	도세	취득세, 등록세, 면허세, 레저세 등
		시군세	주민세, 재산세, 자동차세, 도축세 등

Hint! • 슬라이드 쇼를 실행한 후 '슬라이드 4'에서 마우스 오른쪽 단추를 클릭하고, [포인터 옵션]-[펜]을 선택합니다.
• 해당 부분을 마우스로 드래그하여 표시한 후 Enter 키를 누릅니다.

5 '슬라이드 6'에서는 형광펜을 이용하여 중요 부분을 다음과 같이 표시해 보세요.

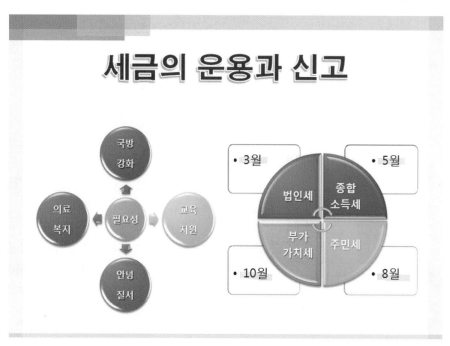

> **Hint!**
> • '슬라이드 6'으로 이동한 후 마우스 오른쪽 단추를 클릭하고, [포인터 옵션]–[형광펜]을 선택합니다.
> • 해당 부분을 마우스로 드래그하여 표시한 후 잉크 주석 유지를 묻는 대화상자가 나타나면 [예] 단추를 클릭합니다.

6 슬라이드 쇼 실행 시 각 슬라이드의 녹화 시간을 10초 이내로 설정해 보세요.

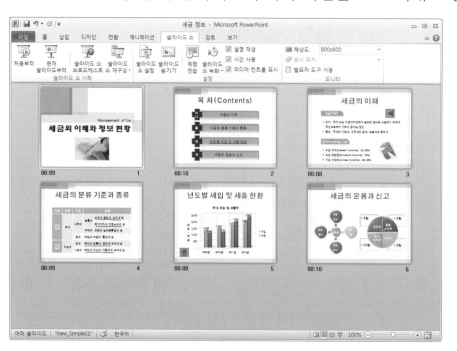

> **Hint!**
> • [슬라이드 쇼] 탭의 [설정] 그룹에서 [예행 연습] 단추를 클릭합니다.
> • 슬라이드 쇼가 실행되면 각 슬라이드마다 녹화 시간을 '10초' 이내로 설정합니다.

12장 슬라이드 마스터와 인쇄하기

슬라이드 마스터를 이용하면 여러 슬라이드에 다양한 서식과 배경 등을 일괄적으로 적용할 수 있습니다. 이번 장에서는 슬라이드 마스터의 설정 방법과 함께 슬라이드를 인쇄하는 방법에 대하여 살펴보도록 하겠습니다.

완성파일 미·리·보·기

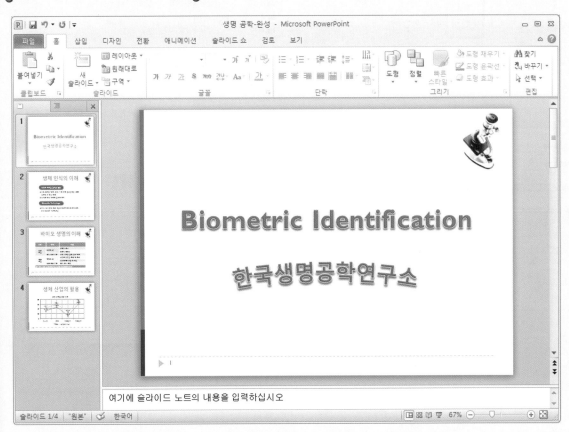

체·크·포·인·트

실습1 슬라이드 마스터에서 다양한 서식을 지정하는 방법에 대하여 알아봅니다.

실습2 슬라이드를 인쇄하기 전에 여러 가지 설정 방법에 대하여 알아봅니다.

슬라이드 마스터 설정하기

슬라이드 마스터는 여러 슬라이드에 다양한 서식과 배경 등을 일괄적으로 적용하고, 필요에 따라 슬라이...
마스터를 삽입하거나 삭제할 수 있습니다...

슬라이드 마스터에 도형 삽입하기

1 '생명 공학.pptx' 파일을 불러온 후 [보기] 탭의 [마스터 보기] 그룹에서 [슬라이드 마스터] 단추를 클릭합니다.

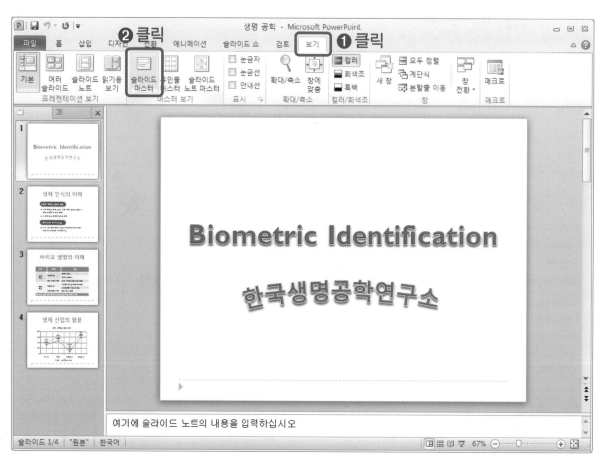

② 슬라이드 마스터 화면이 나타나면 [삽입] 탭의 [일러스트레이션] 그룹에서 [도형▧]
단추를 클릭하고, 사각형에 있는 [직사각형□]을 선택합니다.

③ 마우스 포인터가 '+' 모양으로 변경되면 다음과 같이 슬라이드 왼쪽에 적당한 크
기로 두 개를 각각 삽입합니다.

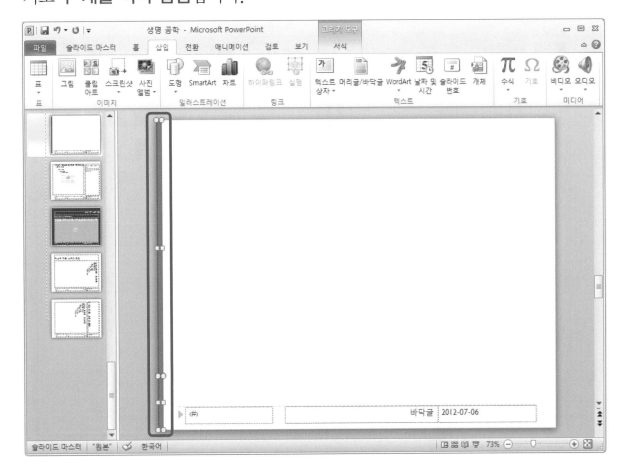

④ 두 개의 도형을 동시에 선택한 후 [그리기 도구]–[서식] 탭의 [도형 스타일] 그룹
에서 [도형 윤곽선 ☑ 도형 윤곽선 ▾] 단추를 클릭하고, [윤곽선 없음]을 선택합니다.

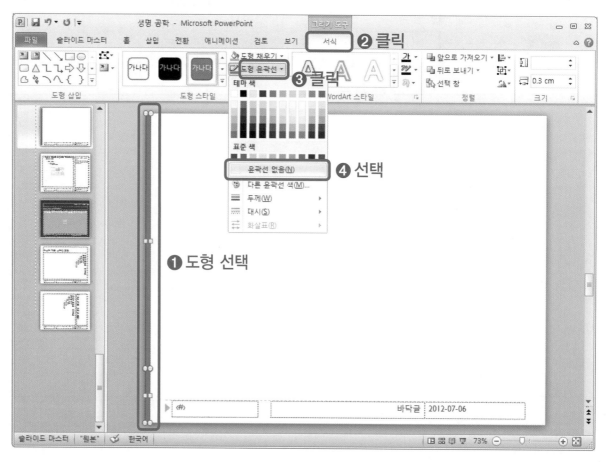

⑤ 계속해서 각 도형을 선택한 후 [도형 채우기 ☷ 도형 채우기 ▾] 단추를 클릭하고, 위쪽
도형에는 '파랑', 아래쪽 도형에는 '진한 파랑'을 각각 지정합니다.

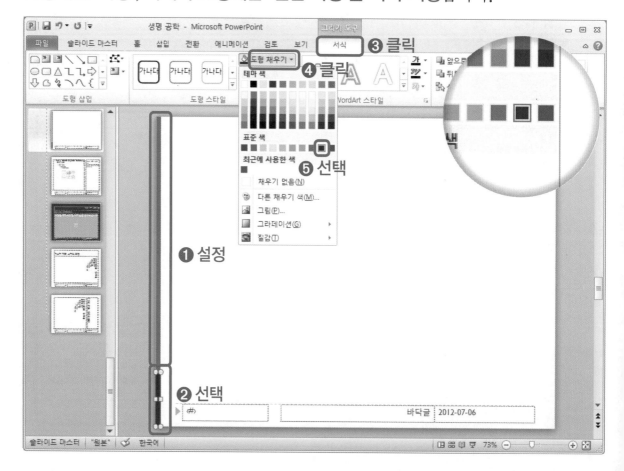

슬라이드 마스터에 클립 아트 삽입하기

6 슬라이드 마스터 하단에 있는 '바닥글'과 '날짜' 상자를 동시에 선택한 후 Delete 키를 눌러 삭제합니다.

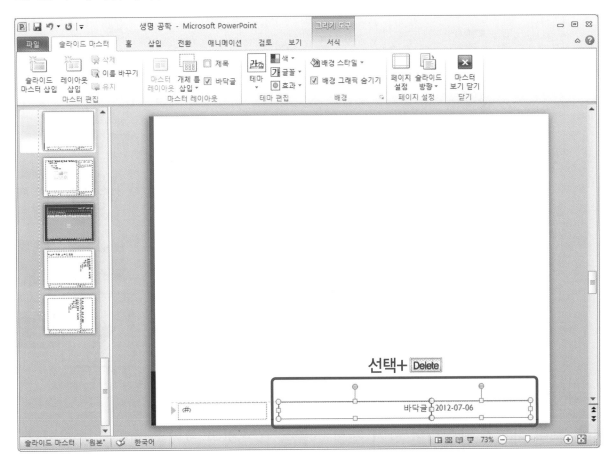

7 [삽입] 탭의 [이미지] 그룹에서 [클립 아트] 단추를 클릭합니다.

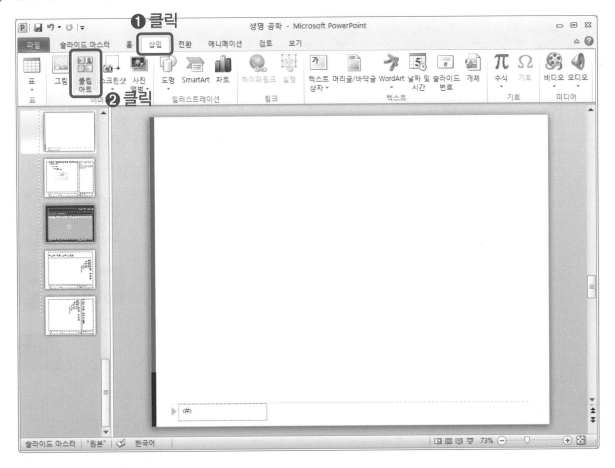

8 클립 아트 작업창의 검색 대상에 "연구"를 입력하고, [이동 이동] 단추를 클릭한 후 원하는 클립 아트를 선택합니다.

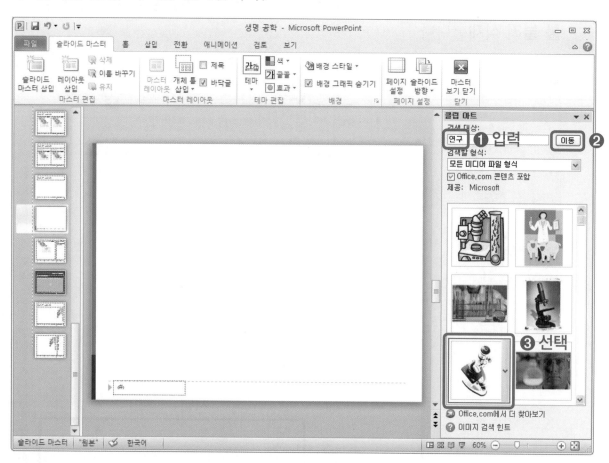

9 클립 아트가 삽입되면 **크기 조절 핸들을 이용**하여 크기를 적당히 조절한 후 슬라이드 오른쪽 상단에 배치합니다.

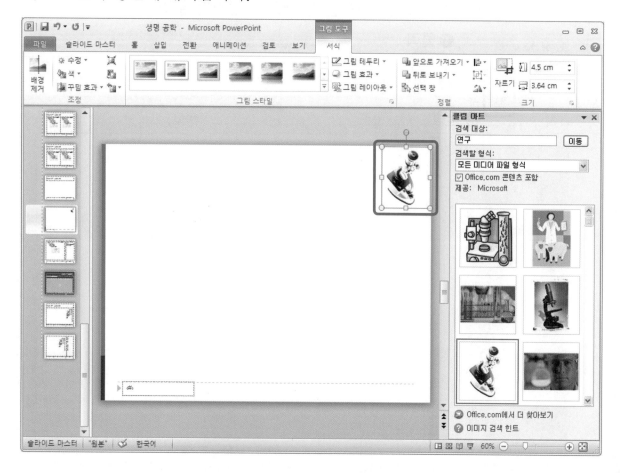

슬라이드 마스터에 번호 삽입하기

⑩ [삽입] 탭의 [텍스트] 그룹에서 [머리글/바닥글] 단추를 클릭합니다.

⑪ [머리글/바닥글] 대화상자의 [슬라이드] 탭에서 '슬라이드 번호'만을 선택하고, [모두 적용] 단추를 클릭합니다.

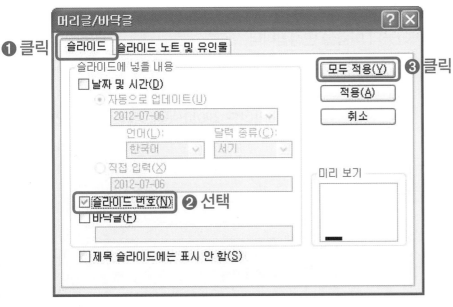

 TIP '제목 슬라이드에는 표시 안 함'을 선택하면 첫 번째 슬라이드(슬라이드 1)를 제외하고, 나머지 슬라이드에만 슬라이드 번호를 삽입합니다.

⑫ [슬라이드 마스터] 탭의 [닫기] 그룹에서 [마스터 보기 닫기 ⊠] 단추를 클릭합니다.

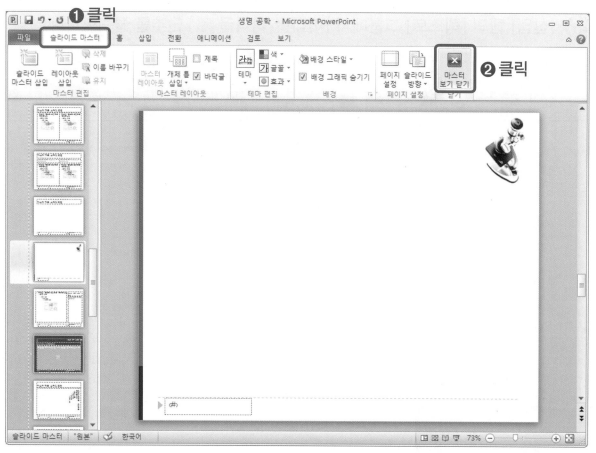

🌱 TIP **[마스터 편집] 그룹/[마스터 레이아웃] 그룹**

• 슬라이드 마스터 삽입 : 프레젠테이션에 새로운 슬라이드 마스터를 추가합니다.

• 레이아웃 삽입 : 슬라이드 마스터에 사용자 지정 레이아웃을 추가합니다.

• 삭제 : 프레젠테이션에서 해당 슬라이드를 제거합니다.

• 이름 바꾸기 : 사용자 지정 레이아웃의 이름을 변경합니다.

• 유지 : 선택한 마스터를 사용하지 않는 경우에도 프레젠테이션에 그대로 있도록 유지합니다.

• 마스터 레이아웃 : 슬라이드 마스터에 포함할 요소를 선택합니다.

• 개체 틀 삽입 : 모든 종류의 내용을 포함할 수 있는 슬라이드 레이아웃에 개체 틀을 삽입합니다.

• 제목 : 제목 개체 틀을 표시하거나 숨깁니다.

• 바닥글 : 바닥글 개체 틀을 표시하거나 숨깁니다.

13 그 결과 모든 슬라이드에 동일한 슬라이드 마스터가 적용된 것을 확인할 수 있습니다.

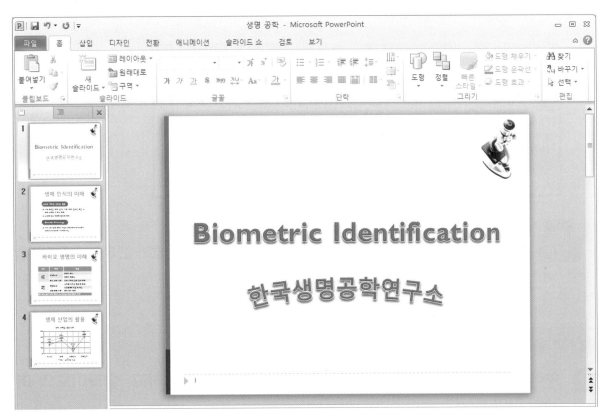

슬라이드 인쇄 설정하기

슬라이드를 인쇄할 경우 용지 크기에 맞게 슬라이드 크기를 조절해야 합니다. 또한, 인쇄 미리 보기 화면에서 인쇄 설정에 필요한 사항을 하나하나 지정할 수 있습니다.

페이지 설정하기

1 [디자인] 탭의 [페이지 설정] 그룹에서 [페이지 설정 ▦] 단추를 클릭합니다.

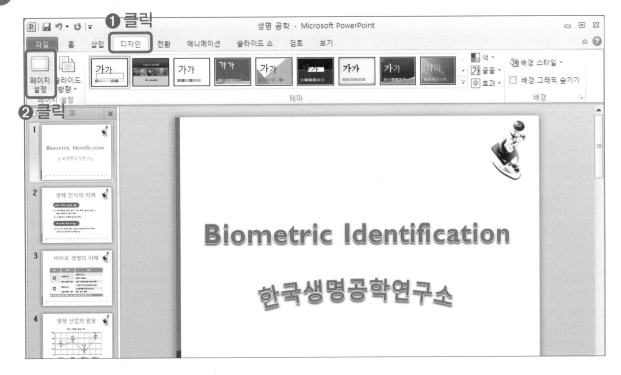

2 [페이지 설정] 대화상자에서 슬라이드 크기를 'A4 용지(210×297mm)'로 선택하고, [확인] 단추를 클릭합니다.

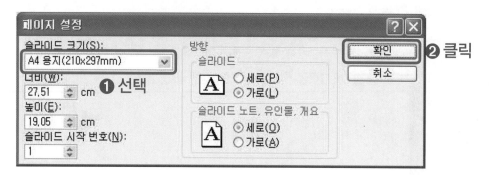

 TIP 슬라이드 시작 번호는 '1'로 지정되어 있지만 슬라이드 번호가 '2'부터 시작되기를 원할 경우에는 '2'를 지정하면 됩니다.

인쇄 설정과 인쇄하기

3 슬라이드 크기가 지정되면 [파일] 탭에서 [인쇄]를 선택하고, 슬라이드의 미리 보기를 확인합니다.

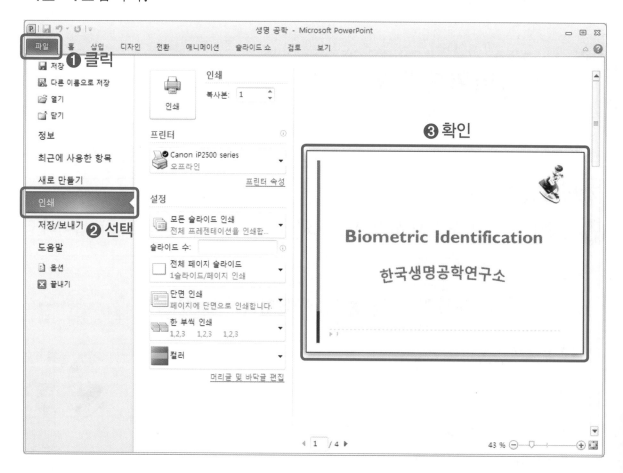

④ 인쇄 설정 화면에서 인쇄 범위(모든 슬라이드 인쇄)와 복사본(인쇄 매수)을 지정하고, [인쇄 🖶] 단추를 클릭합니다.

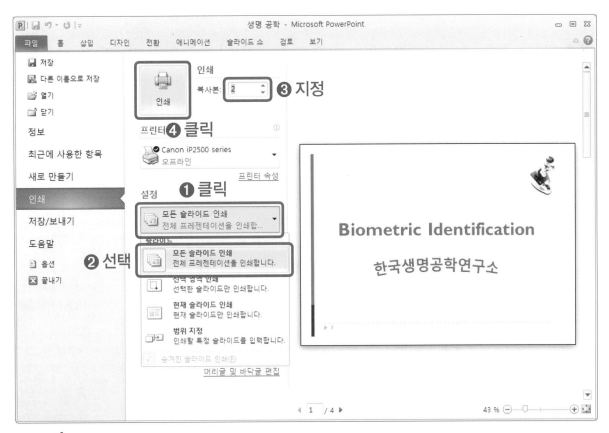

실격쑥쑥 TIP **유인물**

• 유인물은 프레젠테이션을 진행하는 동안 청중들이 보거나 참조할 수 있도록 미리 배포하는 인쇄물입니다.

• 인쇄 설정 화면에서 [전체 페이지 슬라이드 전체 페이지 슬라이드 1슬라이드/페이지 인쇄] 단추를 클릭하고, [유인물]−[2슬라이드]를 선택하면 두 개의 슬라이드를 동시에 확인할 수 있습니다.

1 '생체 공학.pptx' 파일을 불러온 후 다음과 같이 슬라이드 마스터를 지정해 보세요.
- 도형 삽입 : 양쪽 모서리가 둥근 사각형
- 도형 스타일 : 도형 채우기(밤색, 강조 5/연한 노랑, 강조 4), 도형 윤곽선(윤곽선 없음)

Hint! • [보 기] 탭의 [마스터 보기] 그룹에서 [슬라이드 마스터] 단추를 클릭합니다.
• 사각형의 양쪽 모서리가 둥근 사각형을 회전시켜 삽입한 후 도형 스타일을 지정합니다.

Biometric Identification

한국생명공학연구소

2 슬라이드에서 차트에는 다음의 애니메이션을 추가해 보세요.
- 클립 아트 : 검색 대상(생명)

Biometric Identification

한국생명공학연구소

Hint! • [보 기] 탭의 [마스터 보기] 그룹에서 [슬라이드 마스터] 단추를 클릭합니다.
• 클립 아트 작업창의 검색 대상에서 '생명'을 검색한 후 해당 클립 아트를 삽입합니다.

3 슬라이드에 다음과 같이 슬라이드 마스터를 추가로 지정해 보세요.
  - 번호 삽입 : 슬라이드 번호

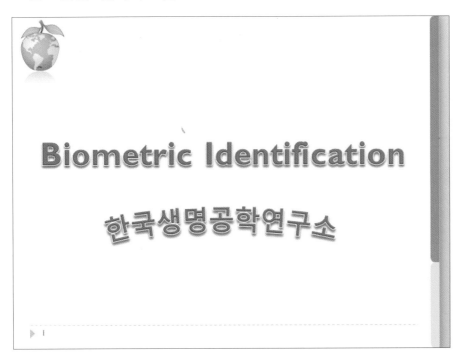

Hint! • [보기] 탭의 [마스터 보기] 그룹에서 [슬라이드 마스터] 단추를 클릭합니다.
  • [머리글/바닥글] 대화상자의 [슬라이드] 탭에서 '슬라이드 번호'만을 선택합니다.

4 모든 슬라이드 크기를 'A4 용지(210×297mm)'로 지정해 보세요.

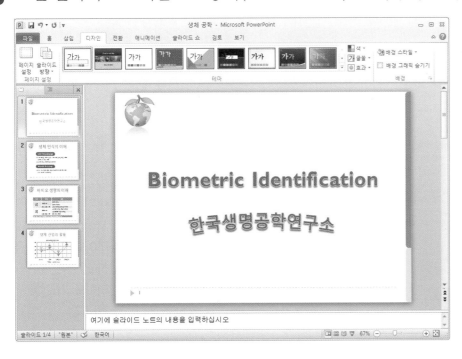

Hint! [페이지 설정] 대화상자에서 슬라이드 크기를 'A4 용지(210×297mm)'로 선택합니다.

5 인쇄 미리 보기에서 모든 슬라이드에 테두리를 지정해 보세요.

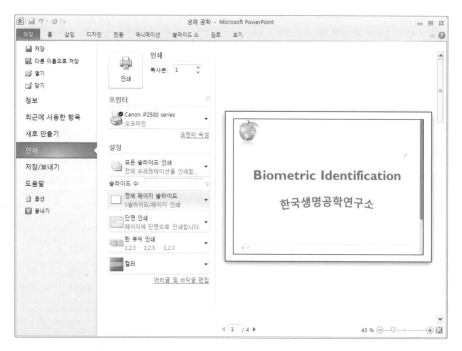

> **Hint!** • [파일] 탭에서 [인쇄]를 선택하고, 슬라이드의 미리 보기를 확인합니다.
> • 설정에서 [전체 페이지 슬라이드] 단추를 클릭하고, [슬라이드 테두리]를 선택합니다.

6 인쇄 대상을 '유인물(4슬라이드 가로)'로 지정하고, 모든 슬라이드를 인쇄해 보세요.

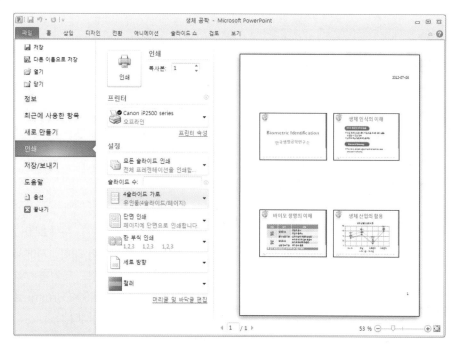

> **Hint!** 인쇄 미리 보기 화면의 설정에서 [전체 페이지 슬라이드] 단추를 클릭하고, [유인물]-[4슬라이드 가로]를 선택합니다.

교재로 채택하여 강의 중인 컴퓨터학원입니다.

[서울특별시]

한양IT전문학원(서대문구 홍제동 330-54)
유림컴퓨터학원(성동구 성수1가 1동 656-251)
아이콘컴퓨터학원(은평구 갈현동 390-8)
송파컴퓨터회계학원(송파구 송파동 195-6)
강북정보처리학원(은평구 대조동 6-9호)
아이탑컴퓨터학원(구로구 개봉1동 65-5)
신영진컴퓨터학원(구로구 신도림동 437-1)
방학컴퓨터학원(도봉구 방학3동 670)
아람컴퓨터학원(동작구 사당동 우성2차 09상가)
국제컴퓨터학원(서대문구 천연동 4)
백상컴퓨터학원(구로구 구로1동 314-1 극동상가 4층)
엔젤컴퓨터학원(도봉구 창2동 581-28)
독립문컴퓨터학원(종로구 무악동 47-4)
문성컴퓨터학원(동작구 대방동 335-16 대방빌딩 2층)
대건정보처리학원(강동구 명일동 347-3)
제6세대컴퓨터학원(송파구 석촌동 252-5)
명문컴퓨터학원(도봉구 쌍문2동 56)
영우컴퓨터학원(도봉구 방학1동 680-8)
바로컴퓨터학원(강북구 수유2동 245-4)
뚝섬컴퓨터학원(성동구 성수1가2동)
오성컴퓨터학원(광진구 자양3동 553-41)
해인컴퓨터학원(광진구 구의2동 30-15)
푸른솔컴퓨터학원(광진구 자양2동 645-5)
희망컴퓨터학원(광진구 구의동)
경일웹컴퓨터학원(중랑구 신내동 665)
현대정보컴퓨터학원(양천구 신정5동 940-38)
보노컴퓨터학원(관악구 서림동 96-48)
스마트컴퓨터학원(도봉구 창동 9-1)
모드산업디자인학원(노원구 상계동 724)
미주컴퓨터학원(구로구 구로5동 528-7)
미래컴퓨터학원(구로구 개봉2동 403-217)
중앙컴퓨터학원(구로구 구로동 437-1 성보빌딩 3층)
고려아트컴퓨터학원(송파구 거여동 554-3)
노노스창업교육학원(서초구 양재동 16-6)
우신컴퓨터학원(성동구 홍익동 210)
무궁화컴퓨터학원(성동구 행당동 245번지 3층)
경일컴퓨터학원(금천구 시흥1동 838-33호)
엘파컴퓨터회계학원(송파구 송파동 97-43 3층)
지현컴퓨터학원(구로구 구로3동 188-5)

[인천광역시]

이컴IT.회계전문학원(남구 도화2동 87-1)
새성정보처리학원(계양구 효성1동 295-1 3층)
상아컴퓨터학원(계양구 계산3동 18-17 교육센터 4층)
영진컴퓨터학원(계양구 계산동 946-10 덕우빌딩 6층)
하나래컴퓨터디자인학원(계양구 임학동 6-1 4층)
효성한맥컴퓨터학원(계양구 효성1동 77-5 신한뉴프라자 4층)
대컴퓨터학원(남동구 구월1동 1225-36 롯데프라자 301-1)
엘컴퓨터학원(남동구 구월동 1249)

하이미디어아카데미(부평구 부평동 199-24 2층)
부평IT멀티캠퍼스학원(부평구 부평5동 199-24 4, 5층)
돌고래컴퓨터아트학원(부평구 산곡동 281-53 풍성프라자 402, 502호)
미래컴퓨터학원(부평구 산곡1동 180-390)
가인정보처리학원(부평구 삼산동 391-3)
서부연세컴퓨터학원(서구 가좌1동 140-42 2층)
이레학원(서구 석남1동 513-3 4층)
연희컴퓨터학원(서구 심곡동 303-1 새터빌딩 4층)
검단컴퓨터회계학원(서구 당하동 5블럭 5롯트 대한빌딩 4층)
진성컴퓨터학원(연수구 선학동 407 대영빌딩 6층)
길정보처리회계학원(중구 인현동 27-7 창대빌딩 4층)
대화컴퓨터학원(남동구 만수5동 925-11)
new중앙컴퓨터학원(계양구 임학동 6-23번지 3층)

[대전광역시]

학사컴퓨터학원(동구 판암동 203번지 리라빌딩 401호)
대승컴퓨터학원(대덕구 법동 287-2)
열린컴퓨터학원(대덕구 오정동 65-10 2층)
국민컴퓨터학원(동구 가양1동 579-11 2층)
용운컴퓨터학원(동구 용운동 304-1번지 3층)
굿아이컴퓨터학원(서구 가수원동 656-47번지 3층)
경성컴퓨터학원(서구 갈마2동 1408번지 2층)
경남컴퓨터학원(서구 도마동 경남(아)상가 301호)
둔산컴퓨터학원(서구 탄방동 734 3층)
로얄컴퓨터학원(유성구 반석동 639-4번지 웰빙타운 602호)
자운컴퓨터학원(유성구 신성동 138-8번지)
오원컴퓨터학원(중구 대흥동 205-2 4층)
계룡컴퓨터학원(중구 문화동 374-5)
제일정보처리학원(중구 은행동 139-5번지 3층)

[광주광역시]

태봉컴퓨터전산학원(북구 운암동 117-13)
광주서강컴퓨터학원(북구 동림동 1310)
다음정보컴퓨터학원(광산구 신창동 1125-3 건도빌딩 4층)
광주중앙컴퓨터학원(북구 문흥동 999-3)
국제정보처리학원(북구 중흥동 279-60)
굿아이컴퓨터학원(북구 용봉동 1425-2)
나라정보처리학원(남구 진월동 438-3 4층)
두암컴퓨터학원(북구 두암동 602-9)
디지털국제컴퓨터학원(동구 서석동 25-7)
매곡컴퓨터학원(북구 매곡동 190-4)
사이버컴퓨터학원(광산구 운남동 387-37)
상일컴퓨터학원(서구 상무1동 147번지 3층)
세종컴퓨터전산학원(남구 봉선동 155-6 5층)
송중중앙컴퓨터학원(광산구 송정2동 793-7 3층)
신한국컴퓨터학원(광산구 월계동 899-10번지)
에디슨컴퓨터학원(동구 계림동 85-169)
엔터컴퓨터학원(광산구 신가동1012번지 우미아파트상가 2층 201호)

염주컴퓨터학원(서구 화정동 1035 2층)
영진정보처리학원(서구 화정2동 신동아아파트 상가 3층 302호)
이지컴퓨터학원(서구 금호동 838번지)
일류정보처리학원(서구 금호동 741-1 시영1차아파트 상가 2층)
조이컴정보처리학원(서구 치평동 1184-2번지 골든타운 304호)
중앙컴퓨터학원(서구 화정2동 834-4번지 3층)
풍암넷피아정보처리학원(서구 풍암 1123 풍암빌딩 6층)
하나정보처리학원(북구 일곡동 830-6)
양산컴퓨터학원(북구 양산동 283-48)
한성컴퓨터학원(광산구 월곡1동 56-2)

[부산광역시]

신흥정보처리학원(사하구 당리동 131번지)
경원전산학원(동래구 사직동 45-37)
동명정보처리학원(남구 용호동 408-1)
메인컴퓨터학원(사하구 괴정4동 1119-9 희망빌딩 7층)
미래컴퓨터학원(사상구 삼락동 418-36)
미래컴퓨터학원(부산진구 가야3동 301-8)
보성정보처리학원(사하구 장림2동 1052번지 삼일빌딩 2층)
영남컴퓨터학원(기장군 기장읍 대라리 97-14)
우성컴퓨터학원(사하구 괴정동 496-5 대원스포츠 2층)
중앙IT컴퓨터학원(북구 만덕2동 282-5번지)
하남컴퓨터학원(사하구 신평동 590-4)
다인컴퓨터학원(사하구 다대1동 933-19)
자유컴퓨터학원(동래구 온천3동 1468-6)
영도컴퓨터전산회계학원(영도구 봉래동3가 24번지 3층)
동아컴퓨터학원(사하구 당리동 303-11 5층)
동원컴퓨터학원(해운대구 재송동)
문현컴퓨터학원(남구 문현동 253-11)
삼성컴퓨터학원(북구 화명동 2316-1)

[대구광역시]

네트CAD그래픽컴퓨터학원(달서구 상인동 725-3 10층)
해인컴퓨터학원(북구 동천동 878-3 2층)
셈틀컴퓨터학원(북구 동천동 896-3 3층)
대구컴퓨터캐드회계학원(북구 국우동 1099-1 5층)
동화컴퓨터학원(수성구 범물동 1275-1)
동화회계캐드컴퓨터학원(수성구 달구벌대로 3179 3층)
세방컴퓨터학원(수성구 범어1동 371번지 7동 301호)
네트컴퓨터학원(북구 태전동 409-21번지 3층)
배움컴퓨터학원(북구 복현2동 340-42번지 2층)
윤성컴퓨터학원(북구 복현2동 200-1번지)
명성탑컴퓨터학원(북구 침산2동 295-18번지)
911컴퓨터학원(달서구 달구벌대로 1657 4층)
메가컴퓨터학원(수성구 신매동 267-13 3층)
테라컴퓨터학원(수성구 달구벌대로 3090)

[울산광역시]

엘리트정보처리세무회계(중구 성남동 청송빌딩 2층~6층)

경남컴퓨터학원(남구 신정 2동 명성음악사3,4층)

다운컴퓨터학원(중구 다운동 776-4번지 2층)

대송컴퓨터학원(동구 대송동 174-11번지 방어진농협 대송지소 2층)

명정컴퓨터학원(중구 태화동 명정초등 BUS 정류장 옆)

크린컴퓨터학원(남구 울산병원근처-신정푸르지오 모델하우스 앞)

한국컴퓨터학원(남구 옥동 260-6번지)

한림컴퓨터학원(북구 연암동 375-1 3층)

현대문화컴퓨터학원(북구 양정동 523번지 현대자동차문화회관 3층)

인텔컴퓨터학원(울주군 범서면 굴화리 49-5 1층)

대림컴퓨터학원(남구 신정4동 949-28 2층)

미래정보컴퓨터학원(울산시 남구 울산대학교앞 바보사거리 GS25 5층)

서진컴퓨터학원(울산시 남구 달동 1331-13 2층)

송샘컴퓨터학원(동구 방어동 281-1 우성현대 아파트상가 2, 3층)

에셋컴퓨터학원(북구 천곡동 410-6 아진복합상가 310호)

연세컴퓨터학원(남구 무거동 1536-11번지 4층)

홍천컴퓨터학원(남구 무거동(삼호동)1203-3번지)

IT컴퓨터학원(동구 화정동 855-2번지)

THC정보처리컴퓨터(울산시 남구 무거동 아이컨셉안경원 3, 4층)

TOPCLASS컴퓨터학원(울산시 동구 전하1동 301-17번지 2층)

[경기도]

샘물컴퓨터학원(여주군 여주읍 상리 331-19)

인서울컴퓨터디자인학원(안양시 동안구 관양2동 1488-35 골드빌딩 1201호)

경인디지털컴퓨터학원(부천시 원미구 춘의동 116-8 광덕프라자 3층)

에이팩스컴퓨터학원(부천시 원미구 상동 533-11 부건프라자 602호)

서울컴퓨터학원(부천시 소사구 송내동 523-3)

천재컴퓨터학원(부천시 원미구 심곡동 344-12)

대신IT컴퓨터학원(부천시 소사구 송내2동 433-25)

상아컴퓨터학원(부천시 소사구 괴안동 125-5 인광빌딩 4층)

우리컴퓨터전산회계디자인학원(부천시 원미구 심곡동 87-11)

좋은컴퓨터학원(부천시 소사구 소사본3동 277-38)

대명컴퓨터학원(부천시 원미구 중1동 1170 포도마을 삼보상가 3층)

한국컴퓨터학원(용인시 기흥구 구갈동 383-3)

삼성컴퓨터학원(안양시 만안구 안양1동 674-249 삼양빌딩 4층)

나래컴퓨터학원(안양시 만안구 안양5동 627-35 5층)

고색정보컴퓨터학원(수원시 권선구 고색동 890-169)

셀파컴퓨터회계학원(성남시 중원구 금광2동 4359 3층)

탑에듀컴퓨터학원(수원시 팔달구 팔달로2가 130-3 2층)

새빛컴퓨터학원(부천시 오정구 삼정동 318-10 3층)

부천컴퓨터학원(부천시 원미구 중1동 1141-5 다운타운빌딩 403호)

경원컴퓨터학원(수원시 영통구 매탄4동 성일아파트상가 3층)

하나탑컴퓨터학원(광명시 광명6동 374-10)

정수천컴퓨터학원(가평군 석봉로 139-1)

평택비트컴퓨터학원(평택시 비전동 756-14 2층)

[전라북도]

전주컴퓨터학원(전주시 완산구 삼천동1가 666-6)

세라컴퓨터학원(전주시 덕진구 우아동)

비트컴퓨터학원(전북 남원시 왕정동 45-15)

문화컴퓨터학원(전주시 덕진구 송천동 1가 480번지 비사벌빌딩 6층)

등용문컴퓨터학원(전주시 완산구 풍남동1가 15-6번지)

미르컴퓨터학원(전주시 덕진구 인후동1가 857-1 새마을금고 3층)

거성컴퓨터학원(군산시 명산동 14-17 반석신협 3층)

동양컴퓨터학원(군산시 나운동 487-9 SK5층)

문화컴퓨터학원(군산시 문화동 917-9)

하나컴퓨터학원(전주시 완산구 효자동1가 518-59번지 3층)

동양인터넷컴퓨터학원(전주시 완산구 삼천동1가 288-9번 203호)

골든벨컴퓨터학원(전주시 완산구 평화2동 893-1)

명성컴퓨터학원(군산시 나운1동792-4)

다울컴퓨터학원(군산시 나운동 667-7번지)

제일컴퓨터학원(남원시 도통동 583-4번지)

뉴월드컴퓨터학원(익산시 부송동 762-1 번지 1001안경원 3층)

젬컴퓨터학원(군산시 문화동 920-11)

문경컴퓨터학원(정읍시 연지동 32-11)

유일컴퓨터학원(전주시 덕진구 인후동 안골사거리 태평양약국 2층)

빌컴퓨터학원(군산시 나운동 809-1번지 라파빌딩 4층)

김상미컴퓨터학원(군산시 조촌동 903-1 시영아파트상가 2층)

아성컴퓨터학원(익산시 어양동 부영1차아파트 상가동 202호)

민컴퓨터학원(전주시 완산구 서신동 797-2번지 청담빌딩 5층)

제일컴퓨터학원(익산시 어양동 643-4번지 2층)

현대컴퓨터학원(익산시 동산동 1045-3번지 2층)

이지컴퓨터학원(군산시 동흥남동 404-8 1층)

비전컴퓨터학원(익산시 동산동 607-4)

청어람컴퓨터학원(전주시 완산구 평화동2가 890-5 5층)

정컴퓨터학원(전주시 완산구 삼천동1가 592-1)

영재컴퓨터학원(전라북도 완주군 삼례읍 삼례리 923-23)

탑스터디컴퓨터학원(군산시 수송동 827-10번지 강남빌딩 2층)

[전라남도]

한성컴퓨터학원(여수시 문수동 82-1번지 3층)

[경상북도]

현대컴퓨터학원(경북 칠곡군 북삼읍 인평리 1078-6번지)

조은컴퓨터학원(경북 구미시 형곡동 197-2번지)

옥동컴퓨터학원(경북 안동시 옥동 765-7)

청어람컴퓨터학원(경북 영주시 영주2동 528-1)

21세기정보처리학원(경북 영주시 휴천2동 463-4 2층)

이지컴퓨터학원(경북 경주시 황성동 472-44)

한국컴퓨터학원(경북 상주시 무양동 246-5)

예일컴퓨터학원(경북 의성군 의성읍 중리리 714-2)

김복남컴퓨터학원(경북 울진군 울진읍 읍내4리 520-4)

유성정보처리학원(경북 예천군 예천읍 노하리 72-6)

제일컴퓨터학원(경북 군위군 군위읍 서부리 32-19)

미림-엠아이티컴퓨터학원(경북 포항시 북구 장성동 1355-4)

가나컴퓨터학원(경북 구미시 옥계동 631-10)

엘리트컴퓨터외국어스쿨학원(경북 경주시 동천동 826-11번지)

송현컴퓨터학원(안동시 송현동 295-1)

[경상남도]

송기웅전산학원(창원시 진해구 석동 654-3번지 세븐코아 6층 602호)

빌게이츠컴퓨터학원(창원시 성산구 안민동 163-5번지 풍전상가 302호)

예일학원(창원시 의창구 봉곡동 144-1 401~2호)

정우컴퓨터전산회계학원(창원시 성산구 중앙동 89-3)

우리컴퓨터학원(창원시 의창구 도계동 353-13 3층)

웰컴퓨터학원(김해시 장유면 대청리 대청프라자 8동 412호)

이지컴스쿨학원(밀양시 내이동 북성로 71 3층)

비사벌컴퓨터학원(창녕군 창녕읍 말흘리 287-1 1층)

늘샘컴퓨터학원(함양군 함양읍 용평리 694-5 신협 3층)

도울컴퓨터학원(김해시 삼계동 1416-4 2층)

[제주도]

하나컴퓨터학원(제주시 이도동)

탐라컴퓨터학원(제주시 연동)

클릭컴퓨터학원(제주시 이도동)

[강원도]

엘리트컴퓨터학원(강릉시 교1동 927-15)

권정미컴퓨터학원(춘천시 후석로 246 4층)

형제컴퓨터학원(속초시 조양동 부영아파트 3동 주상 305-2호)

강릉컴퓨터교육학원(강릉시 임명로 180 3층 301호)